세도나 마음혁명

HAPPINESS IS FREE: And It's Easier Than You Think!
By Hale Dwoskin & Lester Levenson

Korean Language Translation Copyright © 2016 by Sam & Parkers Co., Ltd.
Happiness is Free by Hale Dwoskin & Lester Levenson
Copyright © 2003 by Hale Dwoskin & Lester Levenson
All Rights Reserved.
Published by arrangement with original publisher, Sedona Press.

수천만 세계인의 인생을 바꾼
'세도나 메서드'로 가는 길

세도나
마음혁명

레스터 레븐슨, 헤일 도스킨 지음 | 아눌라 스님 옮김

세도나 마음혁명

2016년 10월 5일 초판 1쇄 | 2024년 7월 26일 14쇄 발행

지은이 레스터 레븐슨, 헤일 도스킨 **옮긴이** 아누라 스님
펴낸이 이원주, 최세현 **경영고문** 박시형

책임편집 최세현
기획개발실 강소라, 김유경, 강동욱, 박인애, 류지혜, 이채은, 조아라, 최연서, 고정용, 박현조
마케팅실 양근모, 권금숙, 양봉호, 이도경 **온라인홍보팀** 신하은, 현나래, 최혜빈
디자인실 진미나, 윤민지, 정은예 **디지털콘텐츠팀** 최은정 **해외기획팀** 우정민, 배혜림
경영지원실 홍성택, 강신우, 이윤재, 김현우 **제작팀** 이진영
펴낸곳 (주)쌤앤파커스 **출판신고** 2006년 9월 25일 제406-2006-000210호
주소 서울시 마포구 월드컵북로 396 누리꿈스퀘어 비즈니스타워 18층
전화 02-6712-9800 **팩스** 02-6712-9810 **이메일** info@smpk.kr

ⓒ 레스터 레븐슨, 헤일 도스킨 (저작권자와 맺은 특약에 따라 검인을 생략합니다)
ISBN 978-89-6570-350-1(03320)

쌤앤파커스(Sam&Parkers)는 독자 여러분의 책에 관한 아이디어와 원고 투고를 설레는 마음으로 기다리고 있습니다.
책으로 엮기를 원하는 아이디어가 있으신 분은 이메일 book@smpk.kr로 간단한 개요와 취지, 연락처 등을 보내주세요.
머뭇거리지 말고 문을 두드리세요. 길이 열립니다.

모든 곳에서
궁극의 행복을 찾은 이들과
찾고 있는 이들에게

옮긴이 일러두기

- 이 책의 가장 중요한 핵심단어인 'let go'를 '놓아버림'으로 번역했다. 뒤에 이와 비슷한, 또는 같은 맥락으로 'release'가 나오는데, 같은 뜻이긴 하지만 편의상 차이를 두기 위해 '흘려버리기'로 번역했다.
- 'Self'를 번역하기가 난감했다. 여기서 말하는 Self는 사실 '나-없음selfless or egoless'의 상태로 불교 위빠사나 수행 쪽에서는 차라리 '무아無我'의 상태라고 보는 쪽이 맞다. 그렇게 뜻을 이해한 상태에서 여기서는 단순히 영어단어가 보여주는 뜻을 감안하여, '진자아self'로 번역했다.
- 'Beingness'는 '존재성'으로 'Natural Being'은 '자연적 존재'로 'Basic nature'는 '근원적 본성'으로 번역했다.

차례

마음이 평안해지는 7주간의 여행

몸과 마음의 완전한 해결

나는 문제가 아니라 해답을 원했다. 문제만 줄줄이 늘어놓는 것은 딱 질색이다. 단 하나라도 해답을 주어야 한다. 그것도 진짜 정답으로.

붓다가 진짜 정답만 주었기 때문에 나는 출가승려가 되었고, 그리고 레스터 레븐슨이 정답, 그것도 기가 막히게 콕콕 집어서 입에 넣어주는 정답만 이야기하고 있는 것을 보고서 이 책을 번역하기로 결심했다. 또한 내가 가르치고 있는 위빠사나 수행과 많은 연관성이 있는 것도 이 책을 번역한 이유 중 하나다.

레븐슨은 자신의 생각thoughts과 느낌feelings, 그리고 그것들에 답했던 자신의 반응을 관찰하면서 그것의 관계성 속에서 진리가 움직이는 것을 발견했다. 그리고 그것들의 완전한 연관성을 이해하면서 그것들이 자기 자신self이 아니라는 것을 자각한다. 이것은 불교식으로 말하면 '연기' 속에서 '무아無我'를 터득했다는 말이 된다.

앗, 불교를 전혀 모르는 미국 사람 레븐슨이 어떻게? 바로 그것이다. 불교가 진리가 아니라 진리를 발견하여 알려준 것이 불교다. 그러므로 진리는 누구에게나 발견될 수 있다. 불교에서는 이렇게 현상 속에서 연기를 통해 깨달음에 도달한 사람을 독각불獨覺佛 또는 연각緣覺, 벽지불僻地佛이라고 한다. 부처님의 교화, 즉 가르침에 의지하지 않고 연기법과 무상한 자연의 실상을 보고 연기의 참뜻을 홀로 깨달아 해탈을 증득한 자를 말한다. 반면, 붓다의 가르침을 따라 수행하여 깨달은 자를 '아라한'이라고 한다.

그는 시한부 선고를 받으면서 자신을 쳐다보도록 스스로에게 강요당한다. 죽음에 대한 강박감이 그를 몰아붙였고 그는 3개월 동안에 모든 것을 끝냈다. 물론 평생의 질문이었던 '나는 무엇인가?'와 '행복은 무엇인가?'가 완전하게 해결되면서 그의 몸은 완전히 건강해졌다. 이것은 우리 모두의 질문이자 숙제가 아닌가? 고맙게도 그가 3개월 동안에 다 풀어놓았다. 이제 우리는 그것을 먹기만 하면 된다. 그러면 우리도 완치된다. 몸과 마음의 완전한 해결.

레스터 레븐슨은 자신의 직접적이고 개인적인 경험을 통해, 그의 생각들과 느낌들을 더 높은 수준으로 끌어올림으로써 세상에 살면서 축적된 그의 인지와 경험을 바꾸어낼 수 있었다. 다시 말하면, 그는 그의 과거를 모두 해결했다. 그리고 결국에는 출세간의 경지에 이르렀고 거기에는 '기적'이라고 부를 만한 일들도 발생했다.

나는 참선과 명상을 오랫동안 해오던 사람으로서 그가 도달한 과정과 결과에 엄청나게 매료되었다. 우리의 과정을 포함하면서도 거기 또 새로운 측면이 있었다. 아주 빠르게 했고, 완전하게 끝냈고, 추상적이지 않으며, 매우 실용적이었다.

그는 스스로의 인생 경험들을 회고해 들어가면서 자신의 생각과 그 결과가 연관되어 있었음을 발견한다. 그리고 스스로를 '인생의 피해자'라고 생각하게 만들었던 것들이, 결국은 자신의 왜곡된 생각들에서 비롯되었음을 깨닫는다. 이때 그는 엄청난 해탈을 경험한다. 놓여남. 그는 놓여나면서 그것이 곧 사랑과 만나고 있다는 사실도 알게 된다. 그리고 흔들림 없는 평화, 궁극적인 행복에 도달한다.

여기까지만 해도 엄청난 수확이다. 그에게도 나에게도 여러 분에게도. 그런데 여기에 또 하나가 더 있다. 그가 평화의 축복으로 흘러넘칠 때, 그는 이러한 발견을 다른 사람들에게도 알려야겠다는 의지를 일으키고 사람들에게 알려주기 시작한다. 그때 그는 사람들이 이런 평화의 상태를, 어떤 종류의 결핍 혹은 풍요나 부, 원하는 것을 포기해야만 얻을 수 있는 그런 것들로 알고 있다는 것을 발견했다. 맞다. 정확히 그랬다. 사람들은 말한다. 깨달음? 그것 좋다면서요. 해탈, 자유, 좋아요. 그런데 뭐, 다 버리라면서요? 나, 못 버려요. 절대 못 버려요. 가지려고 사는 건데 아무리 좋은 것이라도 나를 버리면서까지 가지고 싶지는 않아요….

그래서 그는 자신의 발견들을 실험하기 시작했다. 나는 이런 점이 이제까지 우리에게 없었던 점이라고 보았다. 그는 이 깨달음의 평온과 행복이 정말 물질적인 결핍상태인가 하는 것을 직접 실험했다. 그는 6개월 동안 무일푼에서 한국 돈으로 무려 10억 원이 넘는 돈을 만들어냈다. 이것을 확인한 후에 그는 그 돈을 다 놓아버리고, 다시 아무것도 없는 상태에서 생각만을 일으키며 10일간 여행을 한다. 그런데 그것도 완전히 성공적이었다. 모든 상황과 사람들이 그의 여정에 필요한 것들을 다 공급해주었다. 1909에 태어나 1994에 세상을 떠난 레븐슨은《시크릿》이 나오기 훨씬 전의 사람이지만 그는 이미 그때 '시크릿'의 법칙을 완전히 터득했고 완전히 사용했음을 증명해 보여주었다. 이것에 관한 자세한 이야기는 이 책 뒷부분에 수록된 부록을 참고하기 바란다.

그제야 사람들은 안심하기 시작했다. 아, 깨달음이 결핍이 아니라 풍요로구나. 그의 가르침은 '풍요의 법칙The Abundance Theory'으로 서구 세계에 널리 퍼지기 시작했다. 불교에서는 정신으로 물질계에 영향을 미치는 — 소위 말하는 신통에 속한다고 볼 수 있는 — 일들을 엄격히 금했다. 아마도 우리 불교인들에게는 무의식적으로 이런 것들이 깊이 각인되어 있는 것 같았다. 붓다가 허락한 경우가 하나 있다면, 다른 사람들을 깨달음으로 인도하기 위해 꼭 필요한 경우에만 하나의 방편으로서 신통을 보이는 것을 허용했다. 물론 레스터의 경우도 이에 해당된다. 그는 그런 실험을 한 후에 그 모든 것을 즉시 놓아버렸다.

그런데 지금은 물질이 정신을 잡아먹어버린 시대가 되었다. 정신을 돌려주기 위해서도 이 물질을 간과할 수 없게 되어버린 것이다. 바로 이 시기에 나는 레스터 레븐슨의 깨달음과 그 가르침이야말로 가장 적절한 모델이자 모범 케이스라고 생각한다. 10년 넘게 함께 지냈다는 한 제자는 그를 이렇게 말했다.

"그는 42년간 그의 '시크릿'을 사용하여 건강과 성공과 부를 누렸고, 그는 아주 행복한 부자로 살다가 84세에 세상을 떠났다."

그는 정신과 물질, 둘 다를 모두 극복했고 초월했고 그리고 완전히 사용했다. 그리고 그는 그 모든 것들을 완전히 공개했으며 누구에게나 그런 것들을 누리고 사용할 것을 권유했다. 그래서 그가 '깨달음의 성자'로 알려지기보다는 돈을 만들어내는 백만장자, 즉 '시크릿의 선구자'로 더 많이 알려지게 된 것이 나로서는 정말, 많이, 많이, 유감스럽다.

결국, 선택은 독자 여러분에게 달려 있다. 물질을 선택하면 정신과 물질 둘 다 잃을 것이고, 정신을 선택하면 정신과 물질 둘 다 누리게 될 것이다.

주목하라. 지금 엄청난 기회가 인류에게 열리고 있다. 한쪽에서 부서지고 있다면 다른 한쪽에서는 열리고 있다. 덕분에 이전에는 깨달아야만 알 수 있고, 만날 수 있었던 모든 비전들이 봇물처럼 쏟아져 나오고 있다. 이것을 우연이라고 생각하지 말라. 여기에는 우주의 계획이 들어가 있다. 이것은 어쩌면 인류에게 주어진 마지막 기말고사 또는 마지막 추수와 같은 것이다. 곧 대중들이 우르르 깨닫는 '대중-깨달음'의 시대가 열린다. 이 기회를 놓치지 말라.

레스터의 마지막 질문, 진정으로 '나에게 무엇이 행복인가?'

를 자신에게 진지하게 물어보고 스스로의 걸음을 내딛기 바란다. 그는 이것으로 깨달음을 얻었다. '생각 놓아버리기let go'다. '생각 놓아버리기'는 그대를 깨달음으로 인도할 것이고, 완전한 놓아버림과 무집착을 얻게 되면 여러분도 시크릿의 창조자가 되어 '풍요의 법칙'의 사용자가 될 것이다.

> "문제를 보지 말고, 당신이 원하는 것을 보라.
> 지금 이 순간부터 당신이 원하는 것만 본다면,
> 당신은 그 모든 것을 가질 것이다."
> See not the problem, see only what you want.
> If you would only from this moment on see what you want,
> that is all that you would get.

우리는 오늘도 수많은 문제와 씨름하며 끙끙거리고 있다. 이것이 레스터가 주는 해답이다. 그는 찬란한 다이아몬드를 여러분에게 던져주었다. 모든 문제를 해결하라. 아니, '문제-없음'의 세상으로 오라.

2016년 가을
아눌라 스님

행복이란 무엇인가?

아주 간단히 말해, 행복이란 누구도 아닌 바로 당신 자신Self[1], 즉 '진자아'가 되는 것이다. 진자아란, 우리가 한계적 존재로만 인식하는 '자신'이 아니라, 늘 당신이었던 당신의 무한한 진짜 자신을 말한다. 우리가 뭔가 경험할 때, 그 모든 것들이 일어나고 있는 동안, 또는 경험 이전이나 이후에, 어떤 특별한 노력을 하지 않아도 거기 '나'로 존재하고 있는 그 진자아. 당신이 바로, 그 모든 것들이 존재하도록 허락하고 있는, 찬란하게 빛나

---

1 이 단어를 번역하기가 난감하다. 여기서 말하는 Self는 사실 '나–없음selfless or egoless'의 상태로 불교 위빠사나 수행 쪽에서는 차라리 '무아無我'의 상태라고 보는 쪽이 맞다. 그렇게 뜻을 이해한 상태에서 여기서는 단순히 영어단어가 보여주는 뜻을 감안하여, 진자아Self로 번역했다.

면서도 또 수시로 변화하고 있는 그 배경이다.

만일 그것이 사실이라면, 왜 그 '진자아'라는 것을 발견하기가 그렇게 힘들까? 왜 그런 깨달음에 관한 책들이 이렇게 많이 나와 있을까? 이런 의문이 들 것이다. 사실 답은 그렇게 간단하지만은 않다.

우리는 영겁의 세월 동안 '무한'이라는 것을 제외한 모든 것으로 살아왔다. 우리는 이 '한계인 척하는' 데 너무 익숙해져서, 이것이 단지 게임, 즉 가짜라는 것을 잊어버렸다. 그래서 지금 우리는, 이렇게 전적으로 스스로 부여한 — 인위적으로 만든 — 한계 인식으로부터 우리 자신을 자유롭게 할 내적 성찰을 위한 시간을 거의 내지 않는다. 오히려 스스로 창조한 이 환영을 받쳐주는 데 대부분의 시간을 보내고 있다.

사실상 무한한 존재성 그 자체인 우리가, 우리 자신이라고 부르는 이 특정한 '몸-마음'에 속박되어 있다는 환상을 유지하기 위해서는 그야말로 엄청난 에너지가 필요하다. 그러니 대부분의 사람들이 지쳐 있을 수밖에 없다.

우리는 무한한 에너지를 가졌고 그것을 사용할 수 있다. 그런데 이 에너지를 어떤 좋은 것에, 또는 우리가 진정으로 누구인지 발견하는 데 쓰지 않는다. 대신 우리가 제한되어 있다는 것을 ─ 우리가 개별적인 문젯거리들을 가지고 있다는 것을 ─ 우리 자신과 주변 사람들에게 알리는 데 이 에너지를 몽땅 사용하고 있다.

나의 친구이며 이 책의 공동저자인 고故 레스터 레븐슨은, 우리가 처하는 상황, 상황들에서 빠져 나와야 하는데, 이런 상황이라는 것들은 단순하게 접근할 수도 있는 반면, 불가능으로 나타나기도 한다고 말하곤 했다. 단순함이란 그저 상황을 받아들이는 것이다. 말하자면 우리의 에너지를 '자기 발견self-discovery' 쪽으로, 그리고 '현재의 그것'을 '사랑으로 받아들이는loving acceptance of what is' 쪽으로, 그렇게 에너지를 안쪽으로 흐르게 하는 것이다. 불가능이라고 생각될 때는 우리의 에너지가 밖으로만 흐르고 있을 때다. 그때 우리는 우리 자신의 창조물인 세상과 싸우면서, 이 세상과 세상이 만들어주는 문젯거리들이 모두 사실이라고, 우리 자신을 포함한 모든 사람들에게 증명하려고 애쓴다.

상황을 단순화할 준비가 되었는가? 만일 당신이 이 책을 읽고 싶어 한다면 당신은 그런 편에 속한다. 이 책은 진정 무한인 당신 자신을 밝혀냄으로써 당신의 궁극적인 행복을 경험적으로 재발견하도록 고안되었다.

그 행복은 바로 당신 자신이다. 당신이 무엇을 가졌고 못 가졌는지와는 아무 관계가 없다. 행복은 그냥 당신 자신이기 때문이다. 그럼에도 불구하고, 당신이 가졌거나 가지지 않았거나, 행복이라는 경험은 당신을 한 단계 성숙시켜주기도 한다. 그 행복은 바로 당신 자신이다. 당신이 무엇을 하고 하지 않는지와도 관계가 없다. 이것은 당신이 무엇을 하든지 하지 않든지, 그 경험을 더욱 즐겁게 해준다. 이 행복은 실로 당신 자신이다. 이 행복은 당신이 이 책을 읽고, 이 안에 들어 있는 간단한 제안들을 따르는 것으로 스스로 경험할 수 있다.

아마 당신은 이런 약속들을 이전에도 여러 번 들었을 것이다. 그리고 번번이 실망한 경험도 있을 것이다. 물론 이런 것들이 당신을 회의적으로 만들었을 수도 있다. 그래서 만일 의심이 든다면 그것도 상관없다. 나는 당신이 스스로 그것을 증명할 때까지는 이 책에서 말하는 어떤 것도 믿지 않기를 바란다.

하지만 한 가지, 이 프로그램이 다르다는 것은 약속할 수 있다. 당신은 궁극적인 행복을 발견하고, 매 순간 그 안에서 살게 될 것이다. 이것만은 절대적으로 확신할 수 있다. 이러한 확신은 내가 지난 25년 동안 레스터 레븐슨과 그의 가르침 속에서, 그리고 세계를 돌며 수천 명의 사람들과 그것을 나누면서 경험한 나의 개인적인 경험에 근거한다.

나는 누구인가? 내 인생의 목적은 무엇인가?

나는 그렇게 아무에게나 확신을 갖는 사람은 아니었다. 나는 1976년에 레스터 레븐슨을 만났다. 나는 그때 여전히 방황하는 구도자이긴 했지만, 동서양을 막론하고 영적 지도자들이 개최한 여러 수련회와 세미나에 열정적으로 참석했다. 요가를 포함해 몸—중심 규율수행, 태극권, 손지압법 등 여러 가지 수행도 해보았다. EST[2], 액츄얼리즘, 세타 세미나 그리고 재탄생 수행[3] 등 정말 적극적으로 많은 수행 프로그램에 참여했다. 그리고 이런 세미나들에서 좋은 경험을 많이 했고, 유용한 개념들을 — 적어도 머리로는 — 듣고 이해했다.

그럼에도 불구하고 나는 여전히 뭔가가 부족하다는 생각을 지울 수가 없었다. 나는 정말로 확실한 진짜 대답을 듣고 싶었다. 놓을 수도 없으면서 마음을 타게 하는 질문들.

"무엇이 내 인생의 목적인가?"

"깨달음은 무엇인가?"

그리고 "나는 누구인가?"

---

2   미국인 베르너 H. 에르하르트Werner H. Erhard에 의해 설립되었다. 'The est Standard Training'로 알려진 이 훈련의 목적은 일상의 과정 그 자체에서, 우리가 겪고 있는 상황을 바꾸거나 향상시키거나, 깨끗하게 해결하기 위해, 삶을 경험하는 우리의 능력을 변형시키는 것이다. 이 훈련은 1971년 말부터 1984년 말경까지 제공되었다.

3   대체의학의 한 형태로 주로 호흡기술로 구성된다.

내가 듣고 경험한 것들 중 대부분은 단지 나의 질문에 또 다른 질문을 추가할 뿐이었다. 어떤 사람도 썩 만족할 만한 대답을 주지 않았고, 궁극적인 진리 또는 진정한 본성에 관해 그 또는 그녀 자신조차도 만족한 것처럼 보이지 않았다. 거기에도 역시 강력한, 거의 보편적이라고 할 수 있는 믿음이 있었는데, 그것은 깨달음으로 가는 것은 아주 어려운 일이며, 해결하지 못했던 고통스런 사항들을 전부 다시 떠올리고 자신의 속내를 다 털어놓아야 한다는 것 등이었다.

그런데 운 좋게도, 한 사람과의 만남으로 이 모든 것이 바뀌기 시작했다.

레스터를 만난 것은 내가 조직했던 한 세미나에서였다. 유명한 연사들을 모시고 진행한 그 세미나에서 레스터는 한 연설자의 손님으로 찾아왔다. 레스터의 현존은 어떤 특별함으로 순식간에 나를 흔들었는데, 그 일은 바로 우리가 함께했던 점심식사 자리에서 일어났다.

그는 일관된 평화로움 속에 있는 듯 보였고, 평등심으로 행동하는 그와 함께한다는 것이 나를 매우 편안하게 했다. 그는 젠체하는 사람이 아니었고 대화하기 편안했으며, 처음 만나는 나를 포함해서 그 자리에 있던 모든 이들을 친구처럼 대했다.

나는 분명히 알 수 있었다. 그는 내가 찾아 헤매던 그 질문의 대답을 아는 사람이고, 구도의 여정을 끝낸 사람이라는 것을. 나는 그에 대해 좀 더 알아봐야겠다고 생각했다.

내가 레스터에게 무슨 일을 하고 있는지 물었을 때, 그는 나를 다음 주말에 열리는 그의 세미나에 초대했다. 그가 내게 말했던 것은 이것이 전부였다.

"한 무리의 사람들이 책상에 둘러앉아 '흘려버리기release'를 할 것입니다."

이것이 무슨 뜻인지 확실하게 알 수는 없었지만, 어쨌거나 그러한 만남이 나에게 레스터가 '살아 있는 화신化身'이라는 어떤 확신을 준다면 그것이야말로 정말로 내가 원하는 그런 자리가 될 것임을 알았다. 그러한 강한 신뢰로 나는 바로 그 자리에서 세미나 참가 신청서에 사인을 했다.

나는 내가 그토록 찾아 헤매었던 것을 하룻밤 만에 발견했음을 알 수 있었다. 이 흘려버리기 과정 그리고 레븐슨의 가르침을 접하면서, 사실 나의 깊은 내면에서는 내가 바로 그것을 하기 위해서 그리고 세상에 그것을 나누기 위해 — 오늘날까지 단 한 번의 동요도 없이 매진하고 있는 — 태어났다는 것을 알아채가고 있었다.

당신이 이 책에서 기대하는 것들을 보여주기 전에, 나는 먼저 레스터 자신의 언어로 레스터의 이야기를 들려주고자 한다. 이제부터 나오는 이야기는 레스터가 나를 만나고 그의 가르침을 알려주기 시작하면서 말했던 것들이다.

3개월 시한부 선고를 받다

나는[4] 1909년 7월 19일 미국 뉴저지주 엘리자베스에서 태어났다. 우리 집은 중산층 가정이었고, 나는 수줍음을 매우 많이 타는 소년이었다. 나는 남들이 그래야만 한다고 하는 그런 일들을 하려고 노력했다. 가령 옳은 일 하기, 좋은 교육 받기, 그리고 내가 속한 분야에서 최고가 되기 등.

나는 어릴 적부터 과학을 좋아했다. 특히 세상에 대한 과학을 좋아했고, 사람들에 관한 것도 흥미를 가졌다. 1931년에 물리학 전공자로 럿거스 대학을 졸업했고, 그 후 20년 넘게 물리학자와 엔지니어로 일했다. 물리학으로는, 나중에 하니웰의 자회사가 된 브라운 인스트루먼트 컴퍼니와 관련이 있는 기구 측정과 자동조절에 관한 연구개발 부서에서 일했다. 그리고 엔지니어링 분야에서는 기계공학 엔지니어, 전기 엔지니어, 건설

---

4 레스터 레븐슨

엔지니어, 난방 및 배기 엔지니어 그리고 해양 엔지니어로 ― 사실상 14가지 다른 분야에서 ― 일했다.

레스토랑 경영, 목재상, 건축업 그리고 엔지니어링과 얽인 석유사업 등. 돈을 만들기 위해, 세상에서 성공하기 위해 나는 참으로 다양한 사업에 손을 댔다. 그때는 지금 내가 이렇게 아는 것을 알지 못했다. 내가 삶 자체에 대한 답을 찾고 있었다는 것을 말이다. 내가 일했던 그 어떤 것에서도 답을 찾지 못하면서 세월이 흘러감에 따라 우울증과 병이 깊어졌다.

1952년까지, 나는 끊임없이 병에 시달렸다. 가령 1년이면 서너 번을 황달에 걸렸다. 간이 커지고, 신장에 돌이 생겼고, 비장 문제에 위산과다와 위산감소, 위궤양까지…. 설상가상으로 거의 10년 동안 편두통을 달고 살았다. 이 모든 것은 1952년, 나의 두 번째 심장발작 때 절정에 달했다.

두 번째 심장발작 후, 나는 의사로부터 살날이 얼마 남지 않았다는 선고를 받았다. 언제 죽을지 모르니 꼭 필요한 일이 아니면 한 발짝도 걷지 말라고 했다. 나는 죽음이 너무나 두려웠지만, 나 자신에게 말했다.

"레스터, 너는 아직 숨 쉬고 있잖아! 아직 기회가 있어."

그래서 나는 앉아서 '24시간 동안 꼬박' 생각하기 시작했다. 42년 남짓 살면서 행복을 잡아보지도 못했고, 건강마저 놓친 채 삶의 끝에 도달한 상태였다. 내가 그동안 알았다고 생각했던 그 모든 지식들이 아무짝에도 쓸모없음을 알게 되었다. 나는 30대에 왓슨J. B. Watson의 행동주의를, 30대 후반과 40대 초반에는 프로이트 심리학을 비롯해 철학, 논리학, 경제학을 공부했다. 주로 사람에 관한 학문을 공부했는데, 그 모든 지식과 함께 나는 삶의 종착역에 있었다. 이 상황은 나에게 사람에 관한 그런 세속의 지식들이 참으로 아무 소용없다는 것을 알게 해주었다.

그래서 나는 바닥부터 완전히 다시 시작하기로 작정했다. '모든 지식을 잊자. 제로에서 다시 시작하자.' 그러면서 무엇이 잡히는지를 보기로 했다. 그래서 나는 질문을 던졌다. "나는 무엇인가?", "이 세상은 무엇인가?", "나와 세상의 관계는?", "마음이란 무엇인가?", "지성이란 무엇인가?", "행복은 무엇인가?"

나는 나에게 질문하기 시작했다.

"내가 삶에서 원하는 것은 무엇인가?"

그 대답은 행복이었다. 조금 더 조사하니, 내가 가장 행복했던 순간이 떠올랐다. 나는 그때, 내게는 정말 놀라운 어떤 것을 발견했다. 그것은 바로 내가 사랑할 때 가장 행복했었다는 것이었다. 그리고 그 행복감은 사랑받을 때가 아니라, 내가 상대를 얼마나 사랑하는가에 비례했다. 실로 놀라운 발견이었다.

나는 나의 생각들과 느낌들을, 사랑받으려고 하기보다는 사랑하는 쪽으로, 방향을 고쳐 나가기 시작했다. 그리고 그 과정에서 나는 아주 중요한 사항을 하나 더 발견했다. 나에게는 그야말로 커다란 충격이었다. 나는 내가 이 세상 전체를 바꾸기를 원하는 것을 보았고, 그리고 바로 그것이 내 위궤양의 원인이라는 것도 — 아니면 주된 원인 중 하나 — 알게 되었다. 내가 얼마나 이 세상을 바꾸고 싶어 하는지 알게 되자, 그것이 어떻게 나를 세상에 노예처럼 묶어놓았는지도 보였다.

나는 이것을 반대방향으로 되돌리기로 작정했다. 그리고 이 두 방향으로 향하는 과정에서 — 사실상 이 두 방향을 택해 무의식적 개념들과 압박들을 모두 풀어버리면서 — 나는 행복해지고, 자유로워지고, 가벼워지고 그리고 모든 것이 조금씩 나아지는 것을 느낄 수 있었다.

이런 길이 좋다는 것을 알게 되면서, 나는 파이 한 조각이 이렇게 좋다면 파이 한 판을 전부 먹어야겠다고 결정했다. 행복 파이를 전부 먹을 때까지, 그리고 "나는 누구인가? 삶이란 무엇인가? 그리고 나와 삶의 관계는?"이라는 질문에 대한 대답을 알 때까지, 이 방법을 놓지 않겠다고 작정했다. 이 결정 덕분에 나는 정확히 3개월 내에, 내가 제기한 질문에 대한 대답을 얻을 수 있었다. 그리고 나는 내가 할 수 있었다면 누구라도 할 수 있다는 것을 믿게 되었다. 만일 누군가가 내가 했던 그만큼 '원한다면' 말이다.

그 3개월 동안, 몸에 있던 나의 모든 물리적인 병들이 다 나았고, 나의 비참함까지도 모두 떨어져나갔다. 나는 '언제나 슬픔 없이 행복한' 바로 그 지점에 도달했다. 그렇다고 세상이 나를 밀어붙이지 않는 것은 아니었다. ― 사실 그것은 계속되었다. 그러나 나는 무엇이라도 거의 즉시 해결할 수 있는 그런 수준에 올라와 있었다.

내가 어떻게 그렇게 할 수 있었는지 궁금할 것이다. 나는 모든 부정성, 즉 "나는 할 수 없어." 같은 비관적인 두려움들을 걷어내고, 모든 문제의 대답에 즉각적으로 초점을 맞춘다. 그러면 그것은 아주 빨리 해결되곤 했다. 이렇게 나의 인생 전체가, 우울과 병고로부터 항상 행복함으로, 그리고 늘 완전히 건강한 상태로 호전되었다.

이 과정에서 일어났던 것들 중 하나는, 다른 사람과 나의 동일시였다. 나는 모두가 연결되어 있음을 보았다. 우리 모두는 서로 연관되어 있고, 각자의 마음은 우리 모두가 무의식적으로 조율되고 있는 — 우리가 알아차리지 못하고 있을 뿐인 — 라디오 방송의 송신소와 같다. 억눌려 있던 많은 에너지들이 놓여나면서, 다른 사람들과의 동일시가 일어나면, 우리가 발견한 것을 다른 사람들과 나누고자 하는 것은 매우 자연스런 일이 된다. 그런 삶은 아름다운 삶이다. 슬픔 없는, 늘 행복한 삶이다. — 완전한 건강과 더불어. 1952년에 그렇게 이해의 정점에 도달한 후, 나는 내가 발견했던 것을 다른 사람들도 발견할 수 있도록 돕기 시작했다.

성공적인 삶을 누릴 수 있는 그런 행운을 차지하지 못했을, 그런 우리 모두에게 희망을 주고 있는 레스터의 이야기에 나는 깊은 감동을 받았다. 레스터는 3개월이라는 정말 짧은 시간 동안에, 극단적인 역경을 겪었음에도 불구하고 '본래의 자성true nature'을 발견하는 것이 가능했다. 나는 그가 할 수 있었다면 나도 할 수 있을 거라고 확신했다. 아래는 다시, 레스터의 실제 깨달음에 관한 그 이후의 이야기다.

무엇이 나의 마음인가? 무엇이 지성인가?
내 삶은 벼랑 끝에 몰려 있었다. 앞에서 말했듯이, 의사는 나에게 언제 쓰러져 죽을지 모르니까 절대적으로 필요한 경우가 아니면 한 발짝도 걷지 말라고 충고했을 정도였다.

인생 전반을 매우 활동적으로 살아왔던 내가 갑자기 더 이상 행동해서는 안 된다는 말을 듣다니…. 실로 무섭고 충격적이었다. 죽음에 대한 격렬한 두려움이 나를 엄습했다. 내가 언제라도 쓰러져 죽을 수 있다는 두려움. 그것은 정말 끔찍한 것이었다. 몇 날 며칠을 그렇게 지냈다. 죽음에 대한 강렬한 공포로부터 오는 압박, 혹은 내가 더 이상 움직일 수 없게 되어 내 인생의 나머지를 자유가 묶인 채로 지내야 한다는 끔찍한 침울함 속에서, 그렇게 멍하게 시간을 보냈다. 이제 내게 삶이란 것이 더 이상 의미가 없었다.

결국 이 상황은 나에게 이런 결정을 내리도록 밀어붙였다.

"내가 대답을 얻든가 아니면 내가 나를 이 지구에서 떠나게 하겠다. 심장병으로 가지는 않을 것이다."

내게는 이 결정을 실현시켜줄 아주 쉽고 멋진 방법도 있었다. 의사가 신장결석을 막기 위해 준 모르핀이 있었기 때문이다.

이렇게 격렬한 죽음의 공포에 떨며 며칠을 보낸 후, 나는 갑자기 알아차렸다.

"뭐야, 나는 아직 살아 있잖아. 내가 살아 있는 동안은 희망이 있어. 내가 살아 있는 한 여기서 빠져 나갈 수도 있을 거야. 그럼 무엇을 해야 하지?"

자, 나는 늘 영리한 소년이었다. 언제나 우등생이었다. 럿거스 대학에서 극소수에게만 장학금을 주던 시절에도 나는 경쟁 시험을 통하여 4년 장학금을 받았다. 그러나 지금 나에게 그런 것들이 무슨 의미가 있단 말인가? 정말 아무것도 아니구나. 나는 그토록 화려한 이력을 가지고 있지만, 지금 여기서 비참함과 두려움에 떨고 있을 뿐이다.

나는 나에게 말했다.

"레스터, 너는 사실 영리한 게 아니었어. 실상은, 바보, 바보, 바보였어. 너의 지성에는 뭔가 잘못된 것이 있었어. 네가 가진 이 모든 지식과 함께 너는 밑바닥에 떨어진 거야. 네가 머릿속에 열심히 집어넣었던 철학, 심리학, 사회과학 그리고 경제학…. 이 모든 것들이 다 소용없는 것이잖아! 이 모든 지식을 던져버리자. 바닥부터 시작하자. 대답을 찾기 위해 다시 시작하자."

그리고 극도의 절망감과 격렬한 탈출욕구 — 죽고 싶지 않은 — 속에서, 나는 질문을 시작했다. "나는 누구인가? 이 세상은 무엇인가? 이것은 나와 어떤 관계인가? 나는 세상에서 무엇을 원하는가?"

"행복."

"그럼, 무엇이 행복인가?"

"사랑받는 것."

"그런데, 나는 사랑받았잖아. 아름답고 매력적이고 지적인, 아주 많은 여자들이 나를 원했었다고. 그리고 나의 친구들은 나를 존경했어. 그런데 나는 여전히 비참하군!"

나는 행복과 가장 가까운 관계에 있는 것이 사랑이라는 것을 찾아냈다. 그래서 나는 행복이라 할 만한 것이 있었던 때를 찾아내면서, 나의 애정의 현장들을 떠올리고 회고하기 시작했다. 사랑이라고 느꼈던 최상의 순간들을 모두 불러내고 분석하기 시작했는데, 어느 순간 갑자기, 나는 '내가 사랑할 때' 최고의 느낌을 가졌었다는 것을 어렴풋이 알아차렸다.

나는 어느 날 저녁을 기억해냈다. 여자친구와 산에서 캠핑을 하고 있던 아름답고 온화한 저녁. 둘 다 잔디에 누워 하늘을 쳐다보고 있었고, 나의 팔은 그녀를 감싸고 있었다. 완전한 행복의 최고봉, 아마도 '니르바나'라고 불릴 만한 그런 행복이 거기 있었다. 나는 여자친구에 대한 나의 사랑이 얼마나 큰지 느끼고 있었다. 이런 자연 속에 있다는 것은 얼마나 근사한 일인가! 오, 이 완벽함이여! 그런데 그때 나는 보았다. 이 행복의 이유는 바로 내가 그녀를 사랑하고 있기 때문임을. 여자친구와 함께 있기 때문도 아니고, 자연의 완벽함 때문도 아닌….

그러면서 나는 즉각적으로 다른 경우도 살펴보았다. 그녀가 나를 사랑했을 때, 그것은 정말 굉장한 일이었다. 나는 그 순간을 기억한다. 이 아름답고 매력적인 아가씨가 세상에 대고 레스터를 인정하고 사랑한다고 말할 때, 나는 최고가 된 기분이었다. 그러나 나는 그것이 지금 막 내가 발견한 이것보다는 덜 위대하다는 것을 알아차렸다. 그것은 지속되는 느낌이 아니었다. 단순히 그 순간에만 느껴질 뿐이었다. 내가 그런 느낌을 지속적으로 가지기 위해서는 그녀가 계속해서 그렇게 말해야만 했다.

그렇게 순간적으로 에고를 인정받는 것은 내가 그녀를 사랑하는 그 행복감보다 크지 않았다. 그러나 내가 그녀를 사랑하는 한 나는 행복을 느꼈다. 사실, 그녀가 나를 사랑했을 때는, 그녀가 나를 인정하는 그 순간에만 행복이 있었던 것이다.

며칠 동안 이러한 고찰이 점진적으로 진행되었고, 이어서 '이것이 맞다.'라는 성찰이 일어났다. 그녀의 사랑으로 인해 나의 에고가 만족되는 순간에 얻은 행복보다는 내가 그녀를 사랑했을 때 나는 더 많이 행복했다. 그녀가 나를 사랑한다는 것은, '사랑의 지속'이라는 조건 하에서만 느낄 수 있는 기쁨이었다. 이것은 그녀가 늘 증명해주어야 했다. 반면 그녀에 대한 나의 사랑은 내가 그녀를 사랑하는 한 지속되는 그런 행복이었다.

나는 나의 행복이 나의 사랑에 비례하는 것이라고 결론을 내렸다. 그러므로 나의 사랑을 증가시킨다면 나의 행복을 증가시킬 수 있다! 이것이 행복을 발생시키는 것에 관해 내가 어렴풋이나마 알게 된 첫 번째 발견이었다. 그동안 나는 행복을 가져보지 못했었기 때문이었다. 사실 이것은 어마어마한 일이었다. 그리고 나는 말했다.

"이런, 만일 이것이 행복의 열쇠라면 나는 정말 굉장한 것을 가지게 된 거야!"

행복을 더 많이 가질 수 있다는 희망 자체가 어마어마한 것이었다. 왜냐하면 이것이 내가 원했던 그 첫 번째 것이었기 때문이었다. 행복.

그것은 나로 하여금 몇 주에 걸쳐 내 과거의 애정문제들을 회고하도록 발동을 걸었다. 나는 내가 사랑을 주었다고 생각하는 사건과 사건을 쫓아가며 과거로 파고들었다. 그렇게 찾아가던 중, 나는 내가 여자친구들에게 잘해준 것이 그들의 사랑을 얻기 위해서였다는 것을 발견했다. 오, 그것은 이기적인 것이었으며, 사실상 사랑이 아니었다. 그저 내 에고를 유지하려는 욕심일 뿐이었다.

나는 과거의 상황들을 계속 들추어내면서, 내가 누군가를 사랑하지 않았던 것을 발견하면 그것을 그 사람을 사랑하는 감정으로 바꾸었다. 그들이 나를 위해 뭔가를 해주기를 바라는 대신, 내가 그들을 위해 뭔가를 해주려는 마음으로 바꿨다. 나는 더 이상 할 수 없을 때까지 이 작업을 계속했다.

행복은 내가 사랑하는 역량에 따라 결정된다. 사랑에 관한 이 통찰은 그야말로 엄청난 각성이었다. 이것이 나를 자유롭게 하기 시작했다. 고통을 당하고 있을 때는 아주 사소한 자유라도 정말 기가 막히게 간절해진다. 나는 내가 올바른 길 위에 있음을 확신했고, 그것이 행복 쪽으로 연결된 고리라는 것도 알았다. 나는 그 고리 전체를 가질 때까지 이것을 놓지 않으리라고 다짐했다.

나는 더 큰 자유를 누렸고, 그로 인해 내 마음은 좀 더 쉽게 집중되었다. 좀 더 안정된 상태에서 내 마음을 들여다보기 시작했다. 무엇이 나의 마음인가? 무엇이 지성인가?

갑자기 어떤 영상이 떠올랐는데, 바로 놀이공원의 범퍼카였다. 서로서로 계속해서 부딪치곤 하는 놀이용 전기 자동차 말이다. 이 전기 자동차들은 스크린처럼 펼쳐진 천장으로부터 각각의 자동차 뒤에 깃대처럼 연결된 막대를 통해서 전기 에너지를 공급받고 있었다.

스크린처럼 펼쳐진 천장에서 막대를 통해, 나와 다른 사람들 모두에게 공급되는 전기 에너지는, 보편적 지성과 우주 에너지를 상징한다. 그리고 우리는 자동차 페달을 밟는 만큼 그 에너지를 사용할 수 있다. 각 운전자들은 천장에서 그가 원하는 만큼의 지성과 에너지를 받을 수 있는데도, 그것을 쓰지는 못하면서 그저 무턱대고 이리저리 부딪치며 다닌다.

나는 내가 선택하기만 한다면 그 보편적 지성을 더더욱 많이 가질 수 있음을 보았다. 그렇게 파고들어가기 시작하면서, 나는 생각과 그 생각에 연하여 무슨 일이 일어나고 있는지 조사하기 시작했다. 그리고 일어나고 있는 모든 현상에는, 그 현상을 일어나게 만든, 그 현상에 선행하는 생각이 있다는 것을 발견해냈다. 전에는 이 둘 사이의 시간요소 때문에 생각과 일어나는 일들을 연관 짓지 못했었다.

나는 모든 일이 발생하기 전에 그것에 선행하는 생각이 있다는 것을 보았고, 그때 이것을 완전히 이해하게 되면 나에게 일어나는 모든 것을 의식적으로 결정할 수 있음을 깨달았다. 무엇보다, 나에게 일어났던 모든 일들이 전적으로 나의 책임이라는 것을 알았다. 과거에 나는 세상이 나를 기만한다고 생각했다. 가령, 돈을 벌려고 무지하게 애썼지만 끝에 가서는 결국 실패했던 그런 모든 일들이, 결국 나의 생각 때문에 만들어진 것임을 알았다.

그것은 정말 어마어마한 자유의 맛이었다. 내가 세상의 피해자가 아니라는 생각, 내가 원하는 세상을 만들어낼 능력이 내 안에 있다는 것, 이제는 내가 원하는 식으로 세상을 만들면서, 그 세상의 결과에 허우적대기보다는 세상 위에 서서 세상을 만들어내는 원인이 될 수 있다는 것.

이것은 어마어마한 깨달음이었다. 어마어마한 자유의 느낌!

"세상에 이것보다 더 행복한 것은 없어."

앞에서도 말했듯이, 이 조사를 시작했을 때 나는 몹시 아팠다. 이미 무덤에 한쪽 발을 들여놓은 상황이었다. 나에게 일어나는 일이 무엇이든 나의 생각이 그 원인임을 알게 되면서, 나는 즉시 머리부터 발끝까지 나의 몸을 온전한 것으로 여기며 바라보았다. 그리고 그 순간 나의 몸 전체가 온전하다는 것을 알았다. 장의 궤양과 협착이 원래대로 돌아왔고, 내 안의 모든 것이 완벽하게 제대로 돌아가고 있음을 알 수 있었다.

정말 그랬다.

나의 두 가지 발견 — 나의 행복이 나의 사랑과 비례한다는 것, 나의 생각이 나에게 일어나는 모든 것의 원인이라는 것 — 은 나를 점점 더 자유롭게 했다. 일을 해야 한다, 돈을 벌어야 한다, 여자를 얻어야 한다 등 무의식적 강제성으로부터의 자유. 내가 지금 나의 운명을 결정할 수 있다, 나의 세상을 조절할 수 있다, 지금 나의 환경을 나에게 맞게 배치할 수 있다는 그런 앎에서 오는 자유. 이 새로운 자유는 내면의 모든 문젯거리들을 일시에 풀어버렸다. 실로 놀라울 정도였다. 때문에 나는 이제 어떤 것도 할 필요가 없다는 느낌이 들었다.

내가 경험하고 있는 이 새로운 행복은 그야말로 굉장했다! 사람으로 살면서 이런 기쁨이 있을 수 있다니, 꿈도 꾸어보지 못했던 일이었다.

"만일 지금 이 정도가 이렇게 큰 행복이라면, 그 마지막에 도달하기까지 결코 멈추지 않으리라."

나는 이렇게 결심했다. 사람이 얼마만큼 행복해질 수 있는지 끝까지 가볼 작정이었다. 나는 이 기쁨을 얼마나 확장해나갈 수 있는지 파고들어가기 시작하면서, 우선 사랑에 관한 나의 태도를 고쳐나가기 시작했다.

내가 가장 좋아했던 아가씨가 나의 친구 중 하나와, 아니면 정말 '그녀가 누구와 결혼해도 이 녀석하고만은 절대 안 된다.'고 생각했던 바로 그 녀석과 결혼하는 것을 상상하는 것, 그리고 그들이 서로 행복해하는 것을 보며 나도 좋아하는 모습을 떠올렸다. 이것은 내가 할 수 있는 최상의 사랑을 주는 행동이었다. 그리고 만일 내가 그것을 성취할 수 있다면 그것은 지금 내가 경험하고 있는 이것들에 더해 더욱 훌륭한 경험이 될 것이었다.

그래서 실행을 했다. 나는 '빌'이라는 내 친구와 내가 아는 한 여자를 떠올리며, 그들이 서로 즐기며 행복해하는 모습을 그것이 실제라고 느껴질 때까지 계속 상상했다. 그러면서 나는 이것이 다 완성되었다는 ─ 아니면 거의 다 되었다는 ─ 것을 알았다.

그다음에는 이런 식으로 실험을 해봤다. 내가 도와주려고 했을 때 오히려 매몰차게 거절했던 사람들에게 말을 건네는 것이었다. 그들이 나를 공격할 때 의식적으로 그들에게 최대의 사랑을 느껴보려고 시도했다. 그러자 그들을 사랑하는 기쁨이 일어났는데 실로 굉장했다. 나는 무작정 이렇게 말할 기회를 준 그들에게 맘껏 감사했다. 그들은 어리둥절해 하며 어찌할 줄 몰랐다.

그러나 나는 정말 그렇게 느꼈고, 그들이 정말 내가 견딜 수 없도록 심하게 굴었을 때, 내게 그들을 사랑할 기회를 준 것에 대해 가슴 깊은 곳에서 우러나오는 감사를 전했다. 나는 그들에게 그것을 표현하지는 않았다. 단지 그들과 말할 기회를 갖게 된 것에 대해서만 감사를 전했다.

다른 것과 마찬가지로, 이것은 나의 사랑을 최대로 확장했기 때문에 가능한 일이었다. 내게는 정말 좋은 소식이었다. 나는 나를 비난하고 거부하는 사람들까지 사랑할 수 있게 되었다.

나는 이 행복의 끝을 보기 전에는 '사랑 확장하기'를 멈추지 않을 생각이었다. 나는 높이, 높이, 더 높이 올라가서 이렇게 말했다.

"오, 세상에 이것보다 더 높은 것은 없을 거야."

그러나 나는 거기서 다시 시도했고 더 높이 올라갔다. 그리고 나는 말했다.

"오, 이것보다 더 높은 것은 어떤 것도 없어."

그러나 나는 행복에는 한계가 없다는 것을 깨달을 때까지 거기서 더 높이 올라갔고, 그리고 또 이렇게 말했다.

"오, 이것보다 더 행복한 것은 이젠 없어."

나는 움직일 수가 없었다. 걷잡을 수 없는 환희와 기쁨으로 꽉 차서 움직이지 못했다. 사실상 움직일 수 있는 그런 능력이 상실되었다. 더 높이, 더 높이, 올라가면서, 이 상태가 여러 시간 지속되었다. 그리고 나서는, 몸이 다시 정상으로 작동할 수 있는 상태가 될 때까지 내려오고 또 내려와야만 했다.

지성과 에너지의 원천을 묵상하면서, 나는 에너지와 지성이 무한하게 늘어날 수 있다는 것을 발견했다. 그것은 단순히 모든 강박 충동, 억압, 관계 속의 얽힘 그리고 콤플렉스들로부터 내가 나 자신을 자유롭게 했을 때 일어났다. 내가 이 에너지와 힘을 막고 있었다는 것을 보았다. 그리고 댐을 막고 있는 통나무인 나의 강박적 충동과 콤플렉스 등을 뽑아내어 느슨하게 풀어주었다. 그것이 내가 한 일의 전부였다.

내가 이러한 것들을 놓아버림에 따라, 통나무를 하나씩 치우면 댐의 물이 흘러가듯, 마음의 통나무들이 제거되면서 무한한 에너지가 흐를 수 있는 통로가 열렸다. 더 많은 통나무를 빼어 내 버릴수록 에너지는 더 많이 흐른다. 내가 해야 할 일은 단지 이 통나무들을 제거하고, 거기에 무한한 힘과 에너지가 흐르도록 하는 것이었다.

이렇게 되자, 나의 마음 뒤에 감추어져 있던 그 힘, 이전에는 전혀 흘러본 일이 없던 그 힘이 흐르기 시작했다. "나 자신이 무엇인가what I am?"에 대한 깨달음이 일어나던 그 즈음에는, 에너지가 너무 많이 쏟아 부어져서 나는 의자에서 공중으로 튀어 오르곤 했다. 그럴 때면 나는 곧바로 문밖으로 달려 나가 걷고, 걷고, 또 걸었다. 어떤 때는 몇 시간, 어떤 때는 며칠을 걸었다! 내 몸이 이 에너지를 감당하지 못한다고 느꼈다. 그것을 어느 정도 덜어내기 위해 걷거나 뛰어야 했다. 아주 이른 아침 뉴욕 시내를 걸었던 것을 기억한다. 그저 좀 빠른 속도로 걸을 수 있었을 뿐, 다른 어떤 것도 할 수 없었기에! 나는 그렇게라도 그 에너지를 소진시켜야만 했다. 그것은 그 정도로 굉장했다.

나는 이 모든 에너지와 지성의 원천이 근본적으로 조화를 이루고 있으며, 이 '우주의 법칙'이라 하는 것이 바로 그 조화임을 보았다. 그리고 그것이 바로 이 행성들이 충돌하지 않는 이유였고, 태양이 매일 떠오르는 이유이고, 모든 것이 제 기능대로 움직이는 이유였다.

내가 나를 대상으로 이 조사를 시작했을 때, 나는 확신에 찬 절대적 물질주의자였다. 만지고 느낄 수 있는 것만 유일한 실체로 인정했었다. 그렇게 세상에 대한 나의 단정은 콘크리트만큼이나 단단한 것이었다. 그러나 세상은 내 마음의 결과라는 것, 생각이 모든 물질을 결정한다는 것, 물질 그 자체는 지성이 없다는 것, 우리의 지성이 모든 물질과 그것에 관한 것들을 결정한다는 것. 이러한 발견들이 내게 일어났을 때, 내가 이전에 가졌던 그 단단함이 단순히 생각 그 자체였다는 것을 보면서, 나의 멋지고 단단하고 콘크리트처럼 견고했던 물질주의자로서의 기반들은 금이 가며 부서지기 시작했다. 20여 년 동안 쌓아

올렸던 것들이 무너져 내린 것이다.

나의 몸은 아주 심하게 흔들리고 또 흔들렸다. 여러 날을 그렇게 흔들렸다. 마치 신경증을 가진 노인들처럼 그렇게 흔들렸다. 나는 세상에 대해 내가 가지고 있었던 그 견고한 견해가 결코 다시는 지속되지 않을 것이라는 것을 알았다. 그러면서도 그것은 그렇게 우아하게 물러나지는 않았다. 내가 그 모든 것을 다 풀어버렸다고 생각될 때까지 나는 여러 날을 그렇게 흔들렸다.

그러면서 나의 견해는 몇 달 전에 가졌던 것과 정반대의 것이 되었다. 진정으로 견고한 어떤 것이 있다면, 그것은 사실상 물리적 세상이 아니었고, 나의 마음도 아닌 것이며, 사실상 그것은 그런 것들보다 더 위대한 어떤 것이었다. 본질, 바로 이 존재성very Beingness, 그것이 진리였다. 그것은 한계가 없고, 영원하여, 내가 이전에 보았던 그 모든 것들은 내 모든 것이었다기보다는 나의 최소한의 모습들이었다. 전체적인 나라고 하는 것은 나의 존재성이었다.

딱 하나의 한계가 있는데, 그것은 내가 한계라고 받아들이는 그것 하나뿐이었다. '나는 누구인가?'를 알기를 원하면서, 그리고 어렴풋하게 알고 있는 한계 없는 존재를 찾아 헤매면서, 나는 내가 바로 이 한계 없는 어마어마한 존재라는 통찰에 이르게 되었다.

이렇게 알면서, 나는 거기서 곧장 깨달았다.

"자, 내가 나라고 생각했던 이 한정된 몸은 내가 아니야! 내가 마음의 한계들과 함께 나라고 생각했던 이 마음은 내가 아니야!"

그리고 "나는 그 한계가 아니야. 이제 (한계는) 끝났어. 완료, 끝. 바로 이거야." 단순히 이렇게 말하면서, 나는 몸의 모든 한계를 다 되돌렸고, 마음의 한계를 거의 모두 되돌렸다.[5] 나는 그렇게 선언했다.

그것은 내게 자명했다. 내가 나라고 생각했던 나의 몸과 마음은 내가 아니었다. 나는 보았다. 그것이 다였다. 그것은 그렇게 단순한 것이다.

나는 내 몸과의 동일시를 버렸다. 내가 그렇게 했을 때, '나는 나의 존재성이 바로 모든 것들의 존재성이라는 것을 보았다.' 존재성은 말하자면 하나의 거대한 대양大洋과 같다. 그것은 몸이라는 방울방울로 잘게 쪼개지지 않는다. 그냥 그것은 하나의

---

5 원서에서는 undo라는 단어를 사용하고 있다. 다른 문맥과 연결해볼 때 여기서 undo는 단순히 '되돌리다'가 아니고, 뭔가 부족한 상태를 모두 부족함이 없는 상태로 정신적으로 재창조했다는 뜻을 내포하고 있다.

대양이다.

이러한 이해는, 나로 하여금 나를 모든 존재, 모든 사람 그리고 심지어, 이 우주의 모든 원자와도 동일시하게 했다. 그러면 당신은 이 분리와, 분리에 의해 일어나던 이 지옥 같은 모든 고통들로부터 영원히 벗어난다.

이제 당신은 이 세상의 확실한 한계들에 더 이상 속지 않는다. 당신은 그것들을 꿈으로, 껍데기로 본다. 당신 자신의 존재성은 한계가 없음을 알기 때문이다. 사실, 유일한 실재가 있다면 그것은 '존재성Beingness'뿐이다. 그것이 모든 것의 뒤에 있는 진실하고 변함없는 실체다.

삶의 모든 것이 내게 열렸다. 그것은 삶에 대한 전체적인 이해의 차원으로 내게 다가왔다. 그 이해가 알려준 것은, 우리가 개념이라는 한계 — 댐의 통나무들 — 를 덮어쓴 무한의 존재들이라는 것이다. 우리의 근원적 본성은 완전한 자유인데, 그 자유를 한정하며 무한의 대척점에 서는 것으로, 스스로 그 한계들을 실재實在하는 것으로 받아들이던 우리는 괴로움이라는 상황을 자초하는 형국이 된다.

이러한 깨달음의 전과 후는 극명하게 양극단을 달린다. 전에는 극도의 우울함, 지독한 비참함, 그리고 몸의 질병이었다면,

후에는 그야말로 표현하기 어려울 정도의 행복과 고요함이었다. 하루 종일, 매일매일, 인생이 너무 아름답고 지극한 조화로움 속에 모든 것이 완벽하게 순리대로 돌아갔다.

차를 몰고 뉴욕 도심을 돌아다닐 때, 나는 빨간 신호등을 거의 만나지 않았고, 내가 주차하려고 하면 두세 명의 사람들이 멈추거나 나를 주차장소로 안내하기 위해 도로 쪽으로 나서주기까지 했다. 어떤 때는 택시 운전사들이 내가 주차할 곳을 찾는 것을 보고 그들의 자리를 양보하기도 했다. 그렇게 하고는 그들도 자기들이 왜 그랬는지 알지 못했다. 그러고는 자기네들끼리 병렬주차를 했다.

주차하고 있던 경찰조차 그들의 주차장소를 내게 내주기 위해 자리를 떴다. 이 사람들도 자기들이 왜 그렇게 했는지 그 이유를 이해하지 못했다. 그러나 나는 그들이 이렇게 하면서 기분이 좋아질 것이라는 것과, 앞으로도 그렇게 지속적으로 나를 도울 것임을 알 수 있었다.

내가 상점에 가면, 판매원은 행복한 마음으로 일부러 내게로 와 도와주었다. 어떤 때는 내가 식당에서 음식을 주문했다가 마음을 바꾸면, 종업원은 내가 말을 하지 않았는데도 내가 마음속으로 바꾼 그 음식을 가지고 왔다.

실제로 모든 사람들이 당신을 도와주기 위해 움직인다. 당신이 그저 건성건성 다니기만 해도, 당신이 잘 조율되어 있을 때 생각을 일으키면, 이 우주의 모든 원자들이 당신의 생각을 발현시키기 위해 움직인다. 이것은 정말 그렇다.

조화 속에 있다는 것은 정말 즐겁고 유쾌한 상태다. 모든 것이 당신을 도와주러 오기 때문이 아니라, '법칙과 함께하고 있음God-in-operation'의 느낌 때문이다. 그것은 정말 엄청난 느낌이다. 당신은 그것이 얼마나 굉장한지 상상도 할 수 없을 것이다. 당신이 조율되어 있으면, 당신이 조화 속에 있을 때면, 당신은 모든 곳에서 신God[6]을 본다! 그것은 정말 그런 기쁨이다. 당신은 신이 작동하고 있는 것을 보고 있다. 당신이 즐기는 것은 시간이나, 사건, 벌어지는 일이 아니라, 신이 움직이는 그 법칙의 현장에 있다는 그것이다. 그의 작동은 바로 궁극의 법칙, 그것이다.

우리가 조율되어 있으면 우리의 사랑하는 능력은 극대화되고, 우리는 최고의 강도로 모든 사람을 사랑하게 되면서, 그것은 이제까지와는 전혀 다른 최고의 기쁨을 주는 그런 삶을 만들어준다.

위에 인용한 내용을 알게 되었을 때 나는 깊이 감동했다. 그

---

6 나는 여기서 God을 '법칙' 또는 '다르마'로 본다.

리고 나는 이 부분을 여기에 수록해 알려주는 것이 독자 여러분에게도 중요하고, 또한 레스터의 가르침의 핵심을 이해하는데 어느 정도 역할을 할 것이라고 생각한다.

레스터는 1952년부터 그가 죽은 해인 1994년까지, 자신의 여생을, 그의 표현에 의하면, "나 자신인 그 나머지들이 내가 발견한 것을 발견하게 하기 위해" 헌신했다. 그가 말한 대로 그는 희생이라는 생각 없이 다른 사람을 위해 즐겁게 살았다. 사람들이 자신들의 진정한 본성을 발견하도록, 아니면 적어도 고통을 놓아버리도록, 쉬지 않고 도우면서 살았다.

그의 그런 뜨거운 열정에도 불구하고 사람들은 그의 말을 제대로 이해하지 못했다. 그는 늘 이렇게 말하곤 했다

"당신들은 내가 말하는 것의 오직 10% 정도만 이해한다."

내가 그와 함께 일하면서 다른 사람들로부터 들은 말을 참고하면, 그가 10%라고 한 것도 비교적 후한 점수다. 사실상 그가 정성을 다해 도왔던 사람들은 오히려 그를 맹렬하게 반대하곤 했다. 그러나 이런 것들은 그를 가로막지 못했을 뿐만 아니라 그의 무한한 행복과 평화를 흔들 수도 없었다.

그는 작은 모임이나 일대일로 사람들과 만나 가르침을 전했다. 당신은 그 가르침의 내용을 이제 이 책에서 경험하게 될 것이다. 1974년경까지, 레스터는 가까운 제자들의 도움을 받아

그 가르침을 우리가 지금 '세도나 메서드Sedona method'라고 부르는 자가학습기법으로 요약했다. 그는 이것으로 자신을 스승이라는 고리로부터 벗어나게 했다. 레스터가 그렇게 하지 말라고 했음에도, 그들이 그와 함께함으로써 매우 고양되었기 때문에, 그의 제자들은 자주 그들의 성취와 깨달음의 영광을 그에게 돌렸다. 레스터는 자신이 가진 그것을 모든 사람들이 외부 스승의 도움 없이 스스로 발견할 수 있다는 것을 알려주려고 노력했다.

당신이 이 책을 읽어나감에 따라, 그리고 이 안에 있는 내용을 실천함에 따라, 당신은 레스터의 말들과 그것들의 진의를 통하여 그의 가르침을 직접 경험하게 될 것이다. 이것은 매우 의미심장하다. 왜냐하면 극소수의 사람들만이 그의 마지막 20년 동안 이것을 경험하는 행운을 누렸기 때문이다. 이 책을 통해 당신 또한 레스터의 가르침들이 그의 죽음 이후 '세도나 메서드'로부터, 그의 제자들의 노력으로 점차 어떻게 발전되어 갔는지 볼 수 있을 것이다.

레스터가 죽기 전에, 나에게 두 가지 부탁을 했다. 첫째는, 자신의 작업을 계속해줄 것과, 둘째는 이런 일에 함께하고 싶어 하고 흥미를 가질 사람들을 위해 이 '놓아버림letting go'의 수행을 좀 더 쉽게 접근할 수 있는 방법을 지속적으로 찾아보라는 것이었다. 그래서 나는 이 책의 모든 장의 마지막에 나의 '제안'과 약간의 '논평'을 덧붙였다. 내가 그랬듯이 당신에게 이런 것들이 도움이 되기를 바란다.

이 책을, 당신의 진정한 본성을 발견하고 당신의 내적 행복의 덮개를 열어주는, 집에서도 할 수 있는 자가수행 과정으로 활용할 것을 권유한다. 당신은 그저 무심히, 또는 잠깐 읽을지라도 어쨌거나 이 책에서 이익을 얻을 수 있다. 그러나 만일 이 것을 최대로 활용하고 거기에 시간을 할애한다면 당신이 얻을 수 있는 결과들은 실로 당신을 놀라게 할 것이다.

이 책에서 최대의 이익을 얻으려면

이 책은 궁극의 행복을 찾는 '자가학습 7주' 과정으로 고안되었다. 한 주에 한 장씩 읽고 수행하라. 각 장에는 레스터의 가르침이 포함되어 있고, 당신이 레스터의 메시지를 이해하는 것을 돕는 나의 제안과 도움말이 있다. 그 뒤에는 그 주에 거둔 성과를 기록할 수 있는 지면이 이어진다.

각 장에 나오는 레스터의 가르침들을, 당신이 할 수 있는 만큼 완전히 소화한 후에 도움말을 읽어보기를 부탁한다. 당신은 각 단락마다 또는 전 과정에 대해 시간을 내어 천천히 수행해볼 수도 있다. 1주일이라는 시간이 주어져 있지만, 그 기간 중에 앞에서 읽었던 부분을 다시 한 번 반복해보는 것도 좋다.

우리는 믿을 수 없는 속도로 무조건 질주하는 세상에서 살고 있다. 단지 뒤떨어지지 않기 위해, 우리 자신을 지속적으로 몰아붙여야 하는 그런 세상 말이다. 목표를 향한 이런 전력질주의 습관 속에서, 특별히 정신적 영역에서조차, 우리는 분주히 앞으로 달려 나가려고만 한다. 그러면서 '지금 이 순간의 자각 self-recognition-now'[7]이라는 굉장한 기회를 주는, 현존의 시간들을 오히려 놓치고 만다.

만일 당신이 이 책을 늘 그렇듯이 빠르게 읽는다면, 당신은 레스터가 말하곤 했던 '정신의 소화불량'에 걸릴 수도 있다. 그러므로 당신이 늘 세상에 매달려 산다 할지라도, 이 책만큼은 삶에 대한 탐험으로 여기고 느긋하게 읽기를 권한다.

이 책에 나오는 그 어떤 것도 믿지 말라

사람들은, 특히 정신적 스승들의 경우, 그들이 말하는 것을 그냥 믿거나 혹은 그들에 관한 소문들을 무조건 받아들이는 경향이 있다. 레스터는 그 어떤 스승에 관해서도 이런 행동은 피해야 한다고 깊이 느꼈다. 대신 우리는 스승의 메시지를 하나의 탐험 또는 의식의 시도로 받아들여야 한다. 우리 자신의 경

7　이 부분을 번역하며 가장 가까운 의미를 가진 통용되는 언어가 무엇인가 생각해보다가 '일초직입여래지—超直入如来地'라는 말이 떠올랐다. 참고하기 바란다.

험을 통하여 그것을 증명할 수 있을 때만, 그 또는 그녀의 가르침을 받아들여야 한다. 레스터는 종종 "확인하기 위해 그것을 취하라."고 말했다.

이 책이 당신에게 보여주는 모든 것을 직접 확인해볼 것을 제안한다. 맹목적으로 그것을 받아들이지 말고, 당신이 할 수 있는 만큼 당신 자신을 메시지에 열어두기 바란다. 그것들을 당신이 자신의 삶 속에서 시도해볼 때, 그것은 당신에게 더 많은 가치를 줄 것이다.

그리고 모든 판단과 비교를 일단 보류할 것을 강력히 권한다. 당신은 이 책이 보여주는 것들 중 어떤 것은 다른 스승들의 말과 모순된다는 사실을 발견할 수도 있다. 그렇다고 이미 알고 있는 다른 것들을 무조건 던져버릴 필요는 없다. 다만 당신이 이러한 과정들을 시도하는 동안 되도록이면 그것들을 잠시 옆으로 밀어놓을 것을 제안한다. 일단 당신 자신의 결론을 얻었다면, 그때 다시 돌아가서 기존에 알고 있었던 다른 모든 것들과 비교해보라. 그리고 보라. 그것이 어디에 속하는지.

정신적 성장을 추구하는, 서로 다른 많은 길들과 전통들을 비교할 때 어느 정도의 모순은 피할 수 없다. 그렇다고, 다른 관점들이 가치 없다는 것을 의미하지는 않는다. 훌륭한 스승은 청중이 자신의 능력을 최대한 발휘할 수 있게 돕는다.

때때로 그들은 모순되게 보일 수도 있다. 왜냐하면 청중들은 각각의 가르침을 다른 수준과 관점으로 경험할 필요가 있기 때문이다. 그러한 이유로, 당신은 나와 레스터 사이에서, 또는 레스터와 레스터 자신 사이에서 현저한 모순을 발견할지도 모른다. 다른 스승들과 비교한다면 그야말로 극명할 것이다. 그들이 다른 대중들에게 말하고 있기 때문만이 아니라, 그러한 가르침을 그들이 깨달은 각각의 방법으로 그들만의 특징적인 스타일로 보여주고 있기 때문이다. 당연히 그래야 하겠지만.

그중 어떤 것들이 진리로 인정되고, 만일 당신이 자신으로 하여금 그 모든 가능성들을 포용하도록 허용한다면, 당신은 그 지혜를 한층 더 진실하고, 심오한, 그리고 실용적인 수준에서 이해하고 적용하게 될 것이다. 하나의 태양에는 그곳으로 향하는 수많은 광선들이 있다.

마음을 움직인 문장과 구절을 기록해두라

내가 알기로는, 우리와 우리가 만나는 모든 사람을 포함한 세상의 모든 것은 그것 자체의 진동과 공명을 가지고 있다. 우리는 어떤 사람과 있을 때는 굉장히 고양되지만, 또 어떤 사람과 있을 때는 매우 침체된다. 한 번이라도 이런 경험을 한 적이 없는가? 그리고 그럴 경우, 우리에게 이러한 영향력을 행사하기 위해 그들이 어떤 말을 하거나 행동을 할 필요가 전혀 없다는 것을. 수행의 길에서 우리의 이해가 깊어지면 공명지수 또는 진동수가 올라간다. 그러나 이것이 딱히 그런 진동의 높고 낮음에 관한 문제는 아니다. 어떤 사람들이 우리와 같은 수준의 진동을 가졌다 할지라도, 똑같은 진동수끼리 만나게 된다기보다는 우리에게는 각각 코드가 맞는 사람들이 있다. 스승과의 관계에서도 이런 일이 일어난다.

이 책을 읽을 때, 어떤 부분은 전혀 감동이 없거나 느낌이 없지만 또 어떤 언구들 속에서는 뭔가 아주 강한 반향이 일어날 수 있다. 레스터는 나중에 참고할 수 있도록 당신의 마음을 많이 움직였던 문장이나 구절들을 기록해두라고 권한다. 그리고 그 문장을 다시 보며 숙고하는 시간을 보내는 것도 좋다.

시간을 내서 이 책을 다시 볼 때, 처음에는 잘 이해되지 않았던 부분들도 더 잘 이해하게 될 것이다. 그때는 이미 우리가 변해 있고, 새로운 관점으로 사물들을 볼 준비가 되어 있기 때문이다. 이런 일이 일어나면, 그 변화를 존중하라. 그리고 당신의 초점도 그에 맞게 변환시켜라.

레스터의 언어에 관하여

레스터는 자신만의 독특한 방식으로 영어를 사용했다. 나는 의도적으로 그의 그런 소통방식을 보존하고 있는데, 왜냐하면 우리가 스승의 글이나 말을 접할 때 그 또는 그녀 고유의 언어로 접하는 것이, 그것들이 심하게 편집되었을 때보다 의미가 더 잘 전달되기 때문이다. 내가 이렇게 하는 것은, 레스터의 가르침을 전할 때 마치 그 현장에 있는 듯한 느낌을 줌으로써, 그의 가장 깊은 메시지에 당신이 마음을 최대한 열도록 하려는 것이다.

레스터는 여러 가지 이유로 그 특유의 전달 스타일을 가지게 되었다. 그의 깨달음은, 어떤 특정한 스승이나 가르침 또는 도道에 관해 읽어본 적도 공부해본 적도 없는 상태에서, 그 자신이 혼자서 아주 빠르게 모든 것을 동시에 경험했다. 그래서 그에게는 그가 경험하고 있는 것, 그리고 그가 다른 사람들과 나누고자 하는 것을 적절하게 표현할 언어가 없었다.

그는 자신의 놀라운 발견들을 전달하는 데 가장 적절한 언어를 찾기 위해 현존하는 동서양의 정신적 가르침에 대한 서적들을 읽어나갔다. 동양의 책들 중에는 라마나 마하리쉬와 파라마한사 요가난다의 가르침에 매료되었고, 서양에서는《성경》, 그중에서도 특히《신약》에 집중했다. 덕분에 우리는 그의 글 속에서 이러한 배경으로부터 영향 받은 흔적들을 발견할 수 있다. 때때로 그는 고대 영어로 그 자신을 표현하기도 했다.

이 책에서 볼 수 있는 레스터에 관한 자료들은, 대부분 1960년 대부터 1970년대 초까지 그가 말한 것들이다. 그래서 그 당시에 사용되었던 그 고장의 고유 언어가 자주 나온다. 여기서 인용되는 사건과 일들, 예를 들어 인구분포 같은 것으로 짐작해 보면, 그 특정 시기가 반영되었다는 것을 알 수 있다.

덧붙이자면, 레스터는 그 자신을 시간에 맞추는 것을 힘들어했다. 그는 시간을 '자기가 부여한 한계' 또는 단지 '개념'으로 보았기 때문이었다. 그는 10년, 20년 전에 일어난 일을 마치 어제 일어난 것처럼 이야기하거나, 아직 일어나지 않은 일을 막 일어나고 있는 일처럼 말하곤 했다. 정황적인 사실은 모두 맞는데, 여전히 그의 인식들을 시간적 순서에 맞게 꿰어 맞추는 것은 어려워 보였다.

레스터는 공간의 한계도 믿지 않았다. 그래서 '여기'나 '저기'나 그에게는 같은 뜻이었다. 그가 존재성에 대해 말할 때 '거기'에 도달한다고 하는 것이 사실은 '여기'를 말하는 것이었다. 그는 '갈 곳이 없다'를 '가는 것의 자유going free'라고 표현했다. 그는 사람들이 처한 바로 거기에서 사람들과 소통하기 위해 이런 언어를 사용했다.

많은 사람들이 '존재성'을, 그들이 지금 있는 곳에서 멀리 있는 어떤 곳 혹은 어떤 것이라고 믿는다. 그래서 그들은 그것 혹은 그곳을 찾으러 다닌다. 레스터가 존재성을 말하면서 '거기'라고 했을 때, 사실 '거기'는 당신의 호흡보다 가까운 곳이다.

레스터는 명령형을 강하게 사용하는 오래된 유파로부터 가르침의 방식을 배웠다. 그는 '해야만 하는should, have to, must', '오직only' 같은 단정적인 단어들을 자주 썼다. 사람들을 조금 더 밀어붙이며 깨우기 위해서 명령조의 말도 자주 사용했다. 만일 이러한 말들로 당신 안에서 저항감이 일어난다면 이것은 그야말로 정상이다. 이러한 말들은 사실상 대부분의 사람들에게 그런 감정을 불러일으킨다. 그럼에도 불구하고, 일단은 이러한 저항들을 최선을 다해 놓아버릴 것을, 당신 자신에게 허용하라. 그리고 기왕이면 그 이면의 메시지 자체에 당신 자신을 열어주도록 하라.

당신이 이런 요점들을 상기하며 각 장을 읽어나가면, 당신은 소통방법 때문에 요점을 놓치는 일 없이, 그의 메시지에 가능한 한 당신 자신을 열어둘 수 있을 것이다.

매 순간을 당신의 파트너와 함께하라[8]

각 장의 뒷부분에 나오는 수행지침들은 우리가 세도나훈련협회에서 가르치는 과정들 중의 하나다. 이것은 당신 혼자 하거나 아니면 친구들, 친척들 또는 사랑하는 사람 등 누군가와 함께하면서 서로 이익을 얻을 수 있도록 고안되었다. 우리가 진리를 중심으로 모이게 되면 거기에 정말 경이로운 힘이 흐른다. 바로 이러한 것들이 드러나도록 하는 것, 이것이 세도나훈련협회가 라이브 세미나를 주관하는 이유이고, 당신이 이 자료들을 다른 사람들과 나누면서 무슨 이익을 얻을 수 있는가 하는 것에 대한 대답이다.

만일 이 수행지침을 누군가와 같이 한다면, 당신은 서로에게 질문도 할 수 있고, 또는 서로를 탐험이라고 할 수 있는 그 세상으로 이끌어갈 수 있다. 당신이 정말로 해야만 하는 일은, 매 순간을 당신의 파트너와 가능한 만큼 함께하는 것이다. 그리고 '나' 대신 '너'라는 대명사를 사용하며 제삼자가 되어 질문하라. 그들 모두의 내적 발견이 일어나는 것을 허용하는 것으로 당신의 파트너, 그들의 존재성을 인정하라.

당신이 파트너에게 '놓아버림'을 권유할 때, 파트너의 '흘려버

---

8   이것은 성경에 나오는 표현으로 교회의 집회가 시작되는 것을 말한다.

리기releasing'를 촉진함으로써 '놓아버림let go'[9]이 일어나도록 최선을 다하라.

당신이 그것에 대해 마음을 열고 있으면 이런 일들이 자연스럽게 일어남을 발견할 것이다. 그들의 반응들을 판단하거나 인도하거나, 그들에게 충고하기를 삼가라. 그 자리에서 완전히 둘 다 마칠 때까지, 그리고 서로 그것들에 대한 토론에 동의하기까지는 발견들에 대한 토론도 삼가라. 또한 비록 그것이 당신 자신의 것과 일치하지 않는다 할지라도 파트너의 견해도 정당함을 인정하라.

당신이 전문적인 카운슬러 또는 치료사가 아니라면, 또한 당신의 파트너로부터 특별히 그들과 함께 그 역할을 해줄 것을 요청받지 않았다면, 카운슬러 또는 치료사의 역할을 삼가라. 또한 어떤 경우 누군가가 훈련된 의료 전문가를 요구하면, 이 분야에서 그들이 필요로 하는 어떤 도움을 얻을 수 있는지 알아볼 것을 제안하라. 만일 그들이 정말로 의학적 지원을 필요로 하는지 아닌지 확신할 수 없다 할지라도, 당신은 어쨌든 그것을 제안할 수는 있다. 확인하기 위해서 말이다.

---

9 이 책의 가장 중요한 핵심단어가 'let go'다. '놓아버림'으로 번역한다. 나중에 이와 비슷한 또는 같은 맥락으로 'release'가 나오는데 같은 뜻이긴 하지만, 편의상 차이를 두기 위해 '흘려버리기'로 번역한다.

수행의 성과를 기록하라

이 책을 보며 열심히 훈련을 하다 보면, 이것이 당신에게 매우 강력하고 긍정적인 영향을 주고 있음을 발견할 것이다. 우리는 이 탐험으로부터 오는 변화들을 '성과$_{gains}$'라고 부른다. 그리고 나는 그런 것들이 발생하면 더 큰 자기발견으로 나아가도록 독려하기 위해 그것들을 반드시 기록하라고 조언한다.

아래의 목록은 당신이 이 책으로 수행하면서 기대할 수 있는 성과들이다.

- 행동이나 태도가 긍정적으로 변화한다.
- 일상의 행동들이 더 쉬워지고 즐거워지고 효과적으로 변화한다.
- 더 많이 열린 소통, 더욱 효율적인 소통이 가능해진다.
- 문제해결 능력이 뛰어나진다.
- 더욱 유연해진다.
- 행동할 때 좀 더 느긋해지고 자신감이 올라간다.
- 성취감이 생긴다.
- 완성된 느낌이 든다.
- 새롭게 시작할 수 있다.
- 새로운 능력과 기술들을 취득할 수 있다.

-   긍정적인 느낌이 증가한다.
-   부정적인 느낌이 감소한다.
-   모든 존재들을 향한 더 많은 사랑이 생긴다.

이 책을 읽고 탐험해나감에 따라, 당신은 당신 자신이 가지고 있는 '한계의 패턴'들에 관한 이해와 진리 그 자체의 본성에 관한 깨달음을 얻게 될 것이다. 이것도 잘 기록해두기 바란다.

각 장의 마지막에 7페이지의 빈 종이가 있다. 1페이지가 하루에 해당된다. 당신의 성과와 깨달음을 그곳에 적어보도록 하라.

이 책을 보며 의식적으로 훈련을 하다 보면, '깨달음'과 '성과'를 얻을 것이다. 그런데 사실 이런 것들은 당신이 그것들을 거의 기대하고 있지 않을 때 스스로 드러난다. 우리가 그것을 찾아다니지 않을 때, 또는 마음이 충분히 느슨해져서 깨달음을 허용할 때 일어난다. 그러므로 하루 종일 이러한 가능성이 일어날 수 있도록 여유를 간직하라.

할 수 있는 만큼, 긴장을 풀어라. 진정한 본성에 대한 궁극적 깨달음을 안겨줄 놀라운 각성을 불러오는, 그런 전격적인 돌파의 시점은 전적으로 당신의 조정권 밖일 수도 있음을 받아들여라.

포괄적 흘려버리기

레스터는 깨달음에 있어서 성과의 향상을 이룬다는 것은 바로 이 '놓아버림'을 흔쾌히 하는 그 능력이며, 그것을 완수하는 기능이라고 강하게 믿었다. 그는 이 점에 관해서는 아주 확고했다. 그의 인생 후반부 20여 년 동안 단지 이 한 가지를 가르치면서, 지금 우리가 '세도나 메서드'라고 부르는 수행을 발전시키고 북돋우는 데 헌신했다.

이 책으로부터 최대한의 성과를 얻고 싶다면 나는 당신에게 세도나 메서드를 배울 것을, 그리고 레스터의 다른 자료들을 읽고 그것으로 수행할 것을 강력히 권한다. 당신이 설사 그것까지는 못한다 할지라도, 이 자료들이 의식권에 불러일으킬 수 있는 그런 어떤 것을 다루어보기 위해서라도, 어떤 형태로든 '놓아버림'을 해볼 것을 강력하게 충고한다. 당신이 최선을 다해 당신 자신에게 놓아버림을 허용했을 때 그것으로부터 당신은 최고의 것을 얻을 것이다.

나는 이 책 전체를 통해, 당신에게 무엇을 그리고 어떻게 놓아버릴 것인지에 대한 '제안들'을 제공할 것이다. 레스터의 가르침을 발견해나갈 때 이러한 지침들이 도움이 될 것이다. 더불어 당신이 궁극의 행복을 염원하며 이 과정을 공부해갈 때,

당신의 인생에 이 테크닉을 적용할 수 있도록 '흘려버리기' 안내지침을 덧붙였다.

'포괄적 흘려버리기Holistic Releasing'는 세도나훈련협회에서 놓아버리기, 흘려버리기 또는 세도나 메서드라고 부르는 과정을 지속적으로 개선하고 발전시켜 얻은 최종결과다. 예전에 세도나 메서드 수업들과 녹음테이프 프로그램들은 주로 3가지 방법의 '놓아버림'에 초점을 맞추고 있었다.

1. 현재 이 순간에 우리가 붙들려 있는 그 어떤 것이라도 놓아버릴 것을 결정하기 또는 선택하기.

2. 이 순간의 상태가 그 무엇이든 허용하고, 그것을 수정이나 변화, 수선이 필요 없는 상태로 전적으로 환영하면서, 하늘을 지나가는 구름처럼 보면서 놓아버리기.

3. 그것이 어떤 것이든 느낌의 핵심 속으로 파고들면서 놓아버리기. 느낌의 핵심으로 파고들 때 우리는 그것이 텅 빈 — 또는 좋은 것으로 가득 찬 — 것을 발견한다. 거기 있는 것은 우리가 보통 추측하는 것처럼 어둠은 아니다.

나는 최근에 우리가 '포괄적 흘려버리기'라고 부르는 놓아버림의 네 번째 방법을 계발했다. 각 장의 마지막에 덧붙여진 많은 제안들은 모두 이 방법에 관한 것들이다. 이것은 두 가지 목적이 있다. 만일 당신이 세도나 메서드를 이전에 해본 적이 있다면, 당신이 이미 하고 있는 것에 깊이를 더해줄 것이다. 하지만 만일 당신이 전에 세도나 메서드를 해본 적이 없다면, 이것은 놓아버림의 전체적 과정에 대한 이해를 열어주는 길이 된다. 어느 쪽이든, 당신이 인생에서 원하는 것이 무엇이든, 이것이 그것을 가지는 길이다.

포괄적 흘려버리기의 과정은 그 어떤 것이든, 당신이 당신의 인생에서 경험했을 내적 한계를 놓아버리고, 분해하고, 붕괴시켜줄 것이다.

이 책의 내용들을 훈련하면서, 이 새로운 과정에 대한 이해가 깊어질 것이고, 삶 속에서 이 과정을 수행하면서 당신은 자동적으로 당신 자신을 — 더 많은 가능성들을 알아차리고 대안들을 알게 된 — 발견할 것이다. 당신은 더욱 유연해지고 더욱 열리고, 인생이 주는 그 어떤 대접이라도 잘 다루어내게 될 것이다.

포괄적 흘려버리기는 우리가 인생에서 경험하는 — 그것이 진짜이든 상상이든 — 그 모든 것들이 쌍으로, 양극으로 또는 이

중적으로 일어난다는 전제에 그 기반을 두고 있다. 삶은 일원
화를 기저로 하기 때문에 만일 우리가 '안'을 가지면 필연적으
로 '바깥'도 가지게 된다. '옳음'을 가지면 '틀림'도 가지고, '좋
음'을 가지면 '나쁨'도 가지며, '고통'을 가지면 '즐거움'도 가진
다. 이것은 실로 자명한 일이다.

　좋은 것은 붙잡고 나쁜 것은 버리는 태도로 살면 잘살 것 같
지만, 그럴 때 우리는 사실상 내적 진실을 놓치게 된다. 우리가
좋아하는 어떤 것을 잡으려고 애쓸 때마다 그것은 늘 슬그머니
떠나버린다. 우리가 이것은 좋은 것, 이것은 내가 선호하는 것
이라고 믿는 것을 움켜쥐려고 할 때마다, 이것은 유유히 우리
앞에서 사라져버린다.

　반대의 경우를 생각해보자. 우리가 좋아하지 않는 것을 멀
리 떼어버리려 하거나 저항하려 할 때 무슨 일이 일어나는가?
맞다. 그 일은 더 커져버리거나 끈질기게 지속된다. 결과적으
로 우리가 하고 있는 일은, 우리가 좋아하지 않는 것을 우리 쪽
으로 끌어당기고 우리가 좋아하는 것을 밀쳐버리는 그런 상황
을 만들게 된다. 더욱이 우리가 좋아하는 것만 가지고 좋아하
지 않는 것들은 애써 멀리하기 위해 양극단을 더 강화하면서,
우리는 엄청난 시간과 에너지를 소진한다. 이 모든 것은 정확
하게 우리가 원하는 것과는 정반대의 결과를 만들어내고 있다.

소위 문제라는 것을 만들어내거나 더 크게 부풀리면서.

　나는 우리가 양극성의 두 측면을 대할 때 그것은 마치 물질과 비물질을, 또는 긍정과 부정의 에너지를 함께 가져오는 것과 같다는 사실을 발견했다. 쌍의 결합은 각각을 중화시킨다. 그러면서 당신은 더 많은 자유, 더 깊은 현존, 그리고 더 깊은 이해를 만끽하게 된다. 문제가 아니라 해결을 본다. 당신은 좀 더 열리고, 좀 더 생기 있고, 좀 더 평화로워진다. 이 책으로 연습하면서, 시간이 지나감에 따라 그 결과가 증대됨을 발견할 것이다. 당신은 더 많은 가능성을 발견하게 될 것이고, 사물을 좀 더 명료하게 볼 것이다. 이 책 속의 제안들 중 어떤 것이든, 당신이 그것으로 훈련을 할 때마다 당신은 그들에게서 더 많은 것 ― 더 많은 내적 이해 ― 을 얻게 될 것이다

　자, 방법은 아주 단순하다. 우리는 단지 양극성의 측면에 초점을 맞추며 이쪽으로 저쪽으로 움직인다. 행복의 양극성을 예로 들어보자. 우리 모두는 매 순간 상대적으로 행복하거나 불행하거나 둘 중 하나인데, 하나만 보고 다른 면은 보지 않는다. 자, 약간의 실험을 해보자. 지금 이 순간에 당신이 불행한 그만큼 느껴볼 것을 허용할 수 있는가? 지금 이 순간에 당신이 행복한 그만큼 느껴볼 것을 허용할 수 있는가? 그리고 이 순간에

불행한 그만큼 느껴보겠는가? 이 순간에 행복한 그만큼 느껴보겠는가? 이것을 몇 번 더 해보아라. 그리고 당신 내면에서 무엇이 일어나는지 지켜보라.

포괄적 흘려버리기를 실행하려면, 나는 당신이 탐험하고 있는 어떤 특정한 대상의 양극성의 두 측면을 지속적으로 오고가보라고 제안한다. 이것을 연달아 여러 번 해보라. 그러면 당신은 내면에서 무엇인가 일어나는 것을 느낄 것이다. 두 측면은 서로를 용해시킨다.

당신은 연습을 하면서 이것을 이미 눈치 챘을지도 모른다. 당신은 점점 더 큰 자유와 현존을 경험하는 자신을 보게 된다. 당신은 명백한 이중성과 양극성의 분리 아래 기저를 이루는 단일성을 본다. 당신은 또 그것이 에너지 넘치는 전환임을 경험한다. 당신은 그것이 용해 또는 깨끗함, 가벼움의 정서임을 느낀다. 당신은 당신 자신 속에서 더 큰 명료함과 이해를 가진다.

이 과정에서 최상의 결과를 얻을 수 있는 방법은, 매 순간 당신이 할 수 있는 만큼 전적으로 참여하고 열린 상태를 유지하는 것이다. 질문하거나 아니면 특정 언구를 자신에게 반복하라. 어느 하나에 치우치지 않도록 최선을 다하되 마음과 가슴을 열 수 있는 만큼 최대한 열어보라. 만일 어느 하나여야 한다면, 당신의 가슴 — 느낌의 감각 — 에 도달하도록 최선을 다하라.

당신이 반복적으로 질문이나 언구들을 숙고할 때마다, 당신에게 일어나는 생각들, 느낌들, 감각들, 그리고 영상들에 할 수 있는 만큼 당신 자신을 열 것을 허용하라. 어떤 면에서는 이 수행의 모든 과정에 자기 자신을 여는 것 이외에는 아무것도 하지 않는 것이 더 좋을 수도 있다. 이 과정 — 흘러버리기 — 이하도록 놔두어보라.

이 훈련은 초기에는 결과가 매우 미약할지도 모른다. 그러나 훈련을 해나감에 따라, 그 결과는 점점 더 심오해질 것이다. 그리고 만일 당신이 어떤 특정한 양극적 개념에 대해 훈련을 지속한다면, 극단이라는 한계가 무너져 내리면서 중성의 상태 또는 커다랗게 확장된 내면의 어느 지점에 도달할 것이다.

당신은 어느 순간 스스로 충분하다고 느끼는 그 지점에 도달할 것이다. 만일 그렇게 된다면 스스로를 좀 더 이 과정 속으로 들어가도록 긴장을 풀거나 휴식을 취해도 좋다. 일단 지금 하고 있는 그 패턴을 멈출 수 있는 무언가를 하라. 그리고 나가서 걷거나, 스트레칭을 하거나, 눈을 뜨고 방 주변을 둘러보거나, 눈을 뜨고 있었다면 눈을 감거나…. 그리고 다시 훈련으로 돌아오라.

당신이 삶 속에서 어떻게 이러한 인위적인 양극들을 만들어 냈는지, 최선을 다해 그것들을 알아차리겠다고 작정하라. 그리고 이 두 극성의 양 측면을 합치기를 시작하라. 그것을 알아차리는 것만으로도, 당신은 뭔가 좀 더 발전된 깊은 이해와 더 넓은 자유를 얻으면서, 그러면서 그 양극성의 용해가 시작될 것이다. 지금 당신이 우리와 함께하고 있는 이 일을 스스로가 즐기게 하라. 재미있는 것, 쉬운 것이 되도록 허용하기. 기억하라. 성장은 재미다!

다음의 질문과 답의 형식으로 제시된 것들은 흘려버리기의 과정에서 당신이 최상의 결과를 얻을 수 있도록 도와줄 것이다. 지금 이것을 읽고, 이 책으로 훈련하면서 필요할 때마다 이것들로 자주 복습하도록 하라.

어떻게 해야 가장 잘할 수 있는가?

이 과정은 당신이 원하지 않는 모든 행동, 생각 그리고 느낌의 양상들로부터 자유로워지도록 도울 것이다. 그저 열려 있으라는 것, 이것이 당신에게 요구하는 전부다. 이 과정은 당신을 비워줌으로써 좀 더 명료한 사고를 할 수 있게 하지만, 그렇다고 이 과정 자체가 생각하는 과정은 아니다. 이 과정을 효과적으로 하기 위해 굳이 특별히 창의성을 발휘할 필요는 없지만, 어쨌거나 이 수행은 당신을 자극함으로써 좀 더 질 높은 창조력을 불러일으킬 것이다.

우리는 특정 '언구'를 사용할 것이고, 가끔은 '질문'도 던질 것이다. 우리가 질문할 때는 단순히 당신이 이 행동을 할 생각이 있는지 묻고 있는 것이다. '네' 또는 '아니오', 아니면 '둘 다'라고 대답할 수 있다. 설사 당신이 '아니오'라고 대답했다 할지라도 놓아버림이 일어날 것이다.

질문의 선택은 아주 약간의 생각만으로 하고, 선택한 질문에 대해서는 당신이 할 수 있는 최선의 답을 하라. 여기서 얻을 수 있는 결과들과 이 행동의 이점들에 관해 당신 자신과 토론에 빠지는 것 또는 예측을 삼가라. 이 과정에서 사용하는 모든 질문들은 의도적으로 간단하게 만들어진 것들이다. 이런 질문들은 사실상 그것들만 떼어서 놓고 보면, 그리고 그것 자체만으로는 별로 중요하지 않다. 왜냐하면 '놓아버림'을 가르치기 위해 특별히 고안된 것이기 때문이다.

이 과정은 과정 자체가 목적한 그 일을 해낸다. 당신 마음속, 양극단을 만드는 각각의 특정한 두 가지 견해 사이를 단순히 앞으로 뒤로 그저 그렇게 연결하곤 하는 것으로, 그것들은 서로를 용해한다. 당신이 이 자료들과 작업하면서, 당신이 할 것은 되도록 열린 마음과 가슴이 되는 것이다. 그 어떤 생각들이나 느낌들 그리고 구속된 믿음들 또는 당신의 의식 속에 일어나는 영상들이 그저 거기에 있도록 허용하라. 그리고 전적으로 그들을 환영하라. 그들을 놓아버리려고 시도할 필요조차 없다. 그들은 저절로 서로를 용해할 것이므로.

인생에 적용할 수 있는 방법

우리는 어떤 경우에 대하여, 오직 하나의 가능성만을 수용하는 것에 익숙하다. 그러나 사실상 우리가 놓치고 있는 적어도 다른 하나 또는 그 이상의 가능성들이 충분히 있을 수 있다. 대안을 찾는 습관을 계발하라. 더불어 내적 명료함을 깊어지게 함으로 도움을 줄 수 있는 '흘려버리기' 과정을 실행하라.

만일 당신이 당신 자신이나 다른 사람을 판단하는 것을 발견한다면, 그저 당신이 가진 판단과 그 반대 경우의 스위치를 앞뒤로 올려보라. 만일 어떤 지점에 막혀 있다면 당신 자신을 막혀 있는 그것 자체로 허용하라. 그리고 막혀 있지 않은 자신도 허용하라. 창의성을 발휘하라. 결국 당신은 점점 더 많은 것들을 가능하게 하면서 궁극적 행복을 포함한 모든 것을 가질 수 있도록 열려가는 자신을 발견할 것이다.

다음은 자신의 관심사들을 양극의 개념으로 다루며 응용할 수 있도록 만든 일반적 질문들의 목록들이다.

• 나는 나 자신을 내가 할 수 있는 만큼 많이 _____을 저항

하도록 허용할 것인가?

• 나는 나 자신을 내가 할 수 있는 최대로 _____을 환영하
도록 허용할 것인가?

• 나는 나 자신을 내가 할 수 있는 만큼 많이 _____을 거절
하도록 허용할 것인가?

• 나는 나 자신을 내가 할 수 있는 최대로 _____을 수용하
도록 허용할 것인가?

• 나는 나 자신을 내가 할 수 있는 만큼 많이 _____을 싫어
하도록 허용할 것인가?

• 나는 나 자신을 내가 할 수 있는 만큼 많이 _____을 좋아
하도록 허용할 것인가?

• 나는 나 자신을 내가 할 수 있는 만큼 많이 _____을 증오
하도록 허용할 것인가?

• 나는 나 자신을 내가 할 수 있는 만큼 최대로 _____ 을 사
랑하도록 허용할 것인가?

• 나는 나 자신이 내가 할 수 있는 만큼 많이 _____ 변화하

기를 원하는 것을 허용할 것인가?

- 나는 내가 할 수 있는 최대로 나 자신이 _____ 변화하기를 원하는 것을 놓아버릴 것을 허용할 수 있는가?

- 나는 나 자신을 _____ 에 '아니'라고 말할 것을 허용할 수 있는가?
- 나는 나 자신을 _____ 에 '예'라고 말할 것을 허용할 수 있는가?

- 나인 나로서 _____ 에 열려 있음(솔직함)을 나에게 허용할 수 있는가?
- 나인 나로서 _____ 에 닫혀 있음(거부적임)을 나에게 허용할 수 있는가?

'흘려버리기'의 경험은 개인에 따라 아주 많이 다르게 나타날 수 있다. 대부분의 사람들은 이 과정을 진행해 나가면서 즉각적으로 이완 또는 가벼워짐을 느낀다. 어떤 이들은 마치 다시 살아나기라도 하는 것처럼 그들의 몸에 에너지가 움직이는 것을 느낀다. 당신 또한 눈치 챌 것이다. 마음이 점차적으로 고요해지고 남겨진 생각들이 더 깨끗해지는 것을. 이제는 문제보다는 해결 쪽을 더 많이 보게 될 것이다. 시간이 지남에 따라 선명한 축복의 기분을 느낄 수도 있다. 수행을 더 오래 해나갈수록 변화들은 점점 심오해진다.

만일 당신이 느낌, 태도 또는 행동에 있어 어떤 긍정적 전환이 일어나고 있다는 것을 눈치 챘다면, 당신은 잘하고 있는 것이다. 어떤 경우에, 당신이 수행하는 그 상황들이 각각 다른 양의 '릴리싱releasing', 즉 '흘려버림'을 요구할 수 있다. 만일 처음에 그것이 완전하게 전환되지 않으면 릴리싱하고 또 릴리싱하라. 릴리싱을 계속하라. 바람직한 결과를 얻을 때까지.

우리는 모두 놓아버림의 내적 능력을 가지고 태어났다. 혹시라도 행복한 아기를 본 적이 있다면 당신은 이것이 무엇을 의미하는지 알 것이다. 이 능력은 우리의 의식적 조정권 아래에 있지 않았기 때문에 시간이 가면서 우리는 이것을 어떻게 하는지 잊어버렸다. 그럼에도 불구하고 이것은 아주 자연스러워서 생각을 필요로 하지 않는다. 우리가 '숨 쉬자'라고 생각하지 않지만 매번 숨 쉬고 있듯이.

또 다른 예는 전기 스위치다. 처음에 우리가 전기 스위치를 켤 때 당신은 그것이 어떻게 작동하는지 알고 하는가? 아마도 모를 것이다. 그것이 어떻게 작동하는지는 전혀 몰랐지만, 그럼에도 불구하고 전기는 들어오고 당신은 즉시 그 유익을 누릴 수 있다. 마음이 아니라 가슴으로 이 과정에 참여할수록, 훈련은 더욱 쉬워진다. 만일 해결책을 알고 싶어 하는 생각 때문에 막힌다면 그것 자체를 놓아버려라. 그리고 무엇이 일어나는지 보라.

이완하라, 그리고 재미있게 즐겨라

인생에서 가장 강력하고 가장 자주 사용하는 것은, 가장 간단한 것들이다. 간단한 것만이 쉽게 기억되고 전파된다.

예를 들어 숨쉬기에 대해 내가 당신에게 그 과정을 설명한다면 이렇게 말할 것이다.

"들숨-날숨, 필요에 따라 반복."

어떻게 더 이상 간단할 수 있겠는가? 아주 작은 것이지만 우리의 인생에 아주 근본적인 어떤 것들이 있다. 당신이 오랜 시간 동안 '포괄적-흘려버리기'를 해나가다 보면, 제2의 천성처럼 아주 쉬워지고 — 지금 호흡이 그렇듯이 — 그저 조금만 신경 써도 이러한 것들이 가능하다는 것을 발견할 것이다.

만약 과거의 오랜 행동 패턴에 묶여 있음을 발견한다면 어떻게 해야 할까? 그리고 '흘려버리기'를 까맣게 잊었다면 어떻게 해야 할까?

첫째, 사실상 이런 일은 언제라도 일어날 수 있다는 것을 인지해야 할 필요가 있고, 그리고 그것은 결국 별 문젯거리도 아니다. 당신의 놓아버림의 능력은 시간이 지남에 따라 자연스레 향상될 것이고, 당신이 문제가 있다는 것을 인식하면 바로 그 인식의 자각으로 말미암아 당신은 지금 바로 그것을 흘려버릴 수 있다. '흘려버리기'를 배울 때, 당신은 아래의 과정을 따를 수 있다.

1. 당신은 이전에 했던 대로 지금도 그렇게 어떤 일들을 할 것이다. 그러다 나중에야 그것을 릴리스할 것을 기억할 것이다. 바로 지금이다. 문제가 있다고 인식하는 그 순간, 그저 '릴리스'하라.

2. 시간이 감에 따라, 당신이 옛날의 오래된 행동 패턴에 다시 빠져버리면 당신은 '아차' 하면서 마음을 다잡아 수행을 해보려고 다시 시도할 것이다. 그렇다면 당신이 '내가 그것을 다시 하고 있구나.'라고 알아차리는 바로 그때 릴리스하면 된다. 그러면서 당신은 당신의 오래된 패턴을 바꿀 수 있다.

3. 시간이 좀 더 가면서, 당신은 이전의 오래된 습성에 막 빠

져들려고 하는 그 순간에 자신을 다잡을 수 있을 것이다. 그러면 바로 그 순간에 릴리스하고 그것을 하지 않는다.

4. 그러면서 결국, 당신은 이제 어떤 특정한 경향성에 대해서는 릴리스할 필요가 없을지도 모른다. 이제 당신은 그것을 완전히 놓아버렸기 때문에.

만일 당신이 지속적으로 수행한다면 당신의 태도와 효율성은 결국 더 좋아질 것이고, 아주 오래된 문제들조차도 저절로 풀려져 나갈 것이다. 매일 당신 자신을 릴리스할 것을 상기시켜주는 짧은 릴리싱 휴식을 가지는 것도 도움이 된다.

이 책을 통해 수행을 해나가면서, 우리의 삶은 더 가벼워지고 자유로워지고 점점 더 생기가 넘치게 될 것이다. 알고 싶어서 몸부림쳤던 우주적 진실을 찾아내는 바로 그것을 시작했기 때문이다. 우리가 한 번도 떠난 일이 없는 — 알아차림의 심장 — 그 장소로 여행을 떠난 것을 축하한다. 슬픔 없는 행복, 묶임 없는 즐거움, 평화 그리고 모든 알음알이를 넘어선 축복 가득한 삶을, 여러분이 이 책을 통해 조금이라도 빠르게 발견할 수 있기를 간절히 바라는 마음이다.

마음이 평안해지는
7주간의 여행

RELEASE
TECHNIQUE

SEDONA
METHOD

궁극의 목표는 무엇인가?
그것을 어떻게 얻는가?

The Basic Goal and Ways to Attainment

> 단지 '그럴 뿐', 그냥 그렇게 있을 수 있다면,
> 우리는 우리의 무한성을 볼 것이다
> 우리가 그 모든 것이라는 것을 볼 것이다.
> – 레스터 레븐슨

우리 모두가 이 세상에서 찾고 있는 것은 정확하게 같은 것이다. 모든 존재, 동물조차도 그것을 찾고 있다. 그것은 바로 '슬픔 없는 행복'이다. 그 어떤 형태의 슬픔에도 물들지 않은 지속적인 행복의 상태다. 이것이 우리의 목표다.

그렇다면 왜 이것이 목표인가? 흔들림 없는 행복이 바로 우리의 근본적인 정서이기 때문이다. 그렇다면 무엇이 흔들림 없는 행복인가? 완전하고 총체적인 자유다. 그것이 무엇이든 할 수도 있고, 하지 않을 수도 있는 자유. 이것이야말로 우리가 한계에 봉착하기 전의 가장 자연스런 상태다.

왜 우리 대다수는 이 슬픔이 없는 지속적인 행복을 가지지 못하는 걸까? 이유 역시 단 하나다. 우리는 '무한한 존재the infinite Being'임에도 불구하고, 스스로 "나는 개인이다. 전체All로부터 분리되어 있다."는 생각thinking으로 이 행복을 없애버렸다. 그렇게, 우리는 스스로를 한계 속으로 떨어뜨렸다.

나 자신을 전체로부터 분리하기 위해, 우리는 이것을 합리화하기 위한 모종의 장치를 설치해야만 했다. 이 장치가 바로 '마음'이다. 그리고 이 마음으로 개개인은 그 사람의 몸과 외부세계를 창조한다.[10] 우리는 더 많은 생각과 물질을 창조하면서, 그 생각과 물질이 그렇게 우리 자신을 엮어서, 우리가 바로 '무한한 존재'라는 진정한 본질을 잊어버릴 때까지 외부세계에서 '전체All'를 찾아다닌다. 우리는 자신이 무한한 존재라는 본연의 정체성을 잊고 생각과 물질 속에 침몰될 때까지, 생각에서 생각으로 물질을 만들어내면서, 그러고는 그렇게 스스로 만든 외부세상에서 '전체All'를 찾아 헤맨다.

완전히 자유로운 원래의 상태로 돌아가기

우리가 일반적으로 가지고 있는 "나는 전체로부터 분리되어 있다."는 그런 중추적 생각이 결국 결핍과 외로움이라는 기분

---

10 이것은 불교의 연기법 속의 '식識, consciousness'을 연하여 몸과 마음이 발생한다는 구절을 떠올리게 한다. 또한 위 문장의 '한계'라는 말을 '무지'로 대치해볼 수도 있다.

을 창조한다. 나라는 것은 오직 전체가 될 때만 만족할 수 있다. 그러므로 세상 속에서 갈망을 채우려는 시도로는 결핍을 해소할 수 없다. 왜냐하면 결핍이란 원래 거기 있는 것이 아니었기 때문이다.

결핍이란 사실 내 마음에 있다. 우리의 총체성이란 우리의 존재성Beingness뿐이다. 그래서 우리가 외부적으로 갈망을 채우려는 시도를 하면 할수록 우리는 결코, 절대로 성공하지 못한다. 만일 우리가 성공할 수 있다면 우리는 갈망을 만족시킬 수 있다. 그랬으면 모든 갈망은 사라졌을 것이다!

우리가 이 지구상에 존재하는 진정한 목적은, 흔들림 없는 완전한 자유와 '한계 없음'으로 표현되는, 우리의 총체적 존재성의 자연스런 원래 상태를 배우기 위함 혹은 다시 기억하기 위함이다. 이와 같은 자연적 상태를 한번 맛보게 되면, 우리는 이제 모든 한계를 '놓아버리기let go'[11] 시작한다.

가장 근원적인 한계이자 첫 번째로 대두되는 한계는, "나는 전체로부터 분리된 개인이다."라는 느낌이다. 그것을 제거하라. 그러면 모든 외로움과 한계가 사라진다.

달리 말하면, "신God은 모든 것이다! 다 내려놓고 신이 드러

---

11 이 책의 가장 중요한 핵심단어가 let go다. '놓아버림'으로 번역한다. 앞에서 이와 비슷한 또는 같은 맥락으로 release가 나왔는데 같은 뜻이긴 하지만, 편의상 차이를 두기 위해 '흘려버리기'로 번역했다.

나게 하라. 그것은 내가 아니고 나를 통해 일하는 이, 즉 아버지다."[12] 우리는 전체[13]로부터 우리를 분리시키는 근원적 경향인 에고 성향을 놓아버려야 한다. 그리고 우리의 자연적 존재상태인 그저 '뿐just be'이 되라. 그러면 모든 것은 저절로 이루어질 것이다. 그러나 비록 이런 전제를 받아들였다 할지라도 이것이 결코 쉬운 일은 아니다. 존재가 시작된 이래로 우리가 만들어 놓은 습관들 때문이다. 더욱이, 어떤 이유들 때문에 우리가 이 습관들을 좋아하고, 그러면서 그것을 지속하고 있다. 우리는 이것을 '무의식적 행동'이라고 부르는데, 마치 우리가 무의식의 피해자가 되기를 원하기라도 하듯, 그런 행동을 자동적으로 하고, 하고, 또 하곤 한다.

무의식적 마음이란 것은 우리가 보기를 거부했던 그런 마음일 뿐이다. 자유를 향한 우리의 갈망이 절절하다면, 우리는 이 무의식적 습관들을 파헤쳐 직면하고 떠나보낼 것이다.

당신 내면의 당신 자체인, '자연적 존재the natural Being'에게

---

12 번역자로서 이 책을 대하지만, 스님으로서 이 부분을 불교적으로 어떻게 해석하는지 설명할 필요가 있겠다. 나는 여기서 신God을 다르마, 즉 존재 전체에 흐르는 법칙으로 본다. '연기 속의 까르마가 작동하는 것은 누구라도 어쩔 수 없는 일이니, 탐심과 성냄, 어리석음의 '탐진치'로 반응하며, 또 다른 까르마를 만들지 말고, 단지 수용하는 것을 배우라.'라는 의미로 해석한다. 여기서 '아버지'는 그 법칙의 역동적 · 현상적 주체라고 본다.

13 여기서 '전체'라는 말 때문에 불교에서 말하는 '무상–무아'와 힌두교에서 말하는 '범아일여'를 혼동할 지도 모른다. 여기서는 서로 엮여 연기가 일어나는 그 전체적 현상으로 본다.

는 성장이랄 것이 없다. 그 존재는 지금 여기에서 전체이며 완전함이다. 오직 상반된 개념을 — '나는 제한된 존재이고 문제투성이다.'라는 — 놓아버리기만 하면 된다. 누군가 "나 문제가 있어."라고 말한다면, 문제가 있는 단 하나의 장소는 그의 마음속이다. 왜냐하면 우리는 우리 마음 이외에는 어디에서도, 그 어떤 것도, 인지할 수 없기 때문이다.[14]

무엇을 보든, 무엇을 듣든, 무엇을 감지하든, 그것은 우리의 마음을 통해서다. 모든 것이 있는 곳은 바로 거기다. 생각하기를 바꾸어라change your thinkingness. 그럼으로써 당신의 세상을 바꾸어라. 당신 자신을 위해. 그러면 당신은 알게 된다!

놓아버리고 흘려버리면 낮꿈에서 깨어날 수 있다

그러므로 자유를 향한 길道은 간단하다. 그러나 한계를 없애는 일은 기존의 습관 때문에 그다지 쉽지 않다. 이 '습관들-놓아버리기'를 시작하려면 강한 열정이 필요하다. 그러한 강렬한 열정 없이 성장이란 없다. 이 열정이 세상을 향한 갈망 — 외부 세상을 조절하거나 그들의 인정을 받고자 하는 — 보다 훨씬 더 커야만 한다.

---

14 당신이 당신 마음을 훈련하고 조정할 수만 있다면 온 세상을 조종할 수 있다는 말이다. 그러므로 세속의 어떤 일들보다 마음을 훈련하는 것이 먼저임을 철저히 자각해야 한다.

당신이 지금 보고 있는 이 세상은 사실 상상이다. 당신이 진리를 보게 되면, 세상은 꿈, 당신의 마음이 꾸민 이야기로 드러난다. 첫 번째로 당신은 그것을 꿈으로 보게 될 것이고, 그리고 그 꿈이란 것이 한 번도 실체였던 적이 없었음을 알게 된다. 밤꿈을 꾸고 있는 동안 당신은 몸을 가진다. 그리고 거기에 다른 몸들이 있고, 행동과 행동의 상호작용이 있다. 그러면서 거기에 좋다, 나쁘다가 있다. 당신이 그 밤꿈에 머물러 있는 한, 그 모든 것은 당신에게 실제상황이다. 밤꿈에서 깨어날 때 당신은 말한다.

"뭐야, 꿈이잖아! 정말로 일어난 일이 아니었군! 꿈이란 것은 그냥 내 마음속 이야기일 뿐이네!"

이것과 정확히 똑같은 방법으로, 소위 깨어서 꾸는 낮꿈으로부터 깨어날 것이다. 당신은 당신이 꾸며낸 상상의 이야기를 보러온다. 그냥 꿈일 뿐인. 당신은 그것을 — 잠금, 막힘, 그리고 불통 — 놓아버린다. 남겨지는 것은 무한의 당신! 그러면 당신은 완전히 깨달은, 총체적 자유라고 불리어진다.

사실상, 우리는 언제나 완전히 깨달은 상태에 있다. 다만 스스로 깨닫지 못했다고 말하는, 완전히 깨달은 존재다. 그러므로 우리가 놓아버려야let go 할 모든 것은 단지 "나는 아니다."라는 것이다. 그랬을 때, 거기 남겨지는 것은 완전한 깨달음과 자유로운 존재다. 언제나 우리와 함께하고 있었던.

여기까지 내가 말한 것에 대해 질문이 있는가? 없다면 모두 이해한 것이다. 적어도 지적으로는. 좋다. 당신이 이것을 지적으로만 이해하고 실제로 사용하지는 못한다면, 그것은 진정한 열정을 가지고 한계를 놓아버리고자 하는, 정직하고 진지한 모습으로 자신을 돌아보고자 하지 않기 때문이다.

당신은 당신의 무의식적 마음속에 당신이 보려고 하지 않는 모든 것들을 배치해놓았다. 그리고 이것들은 억제나 강박, 신경증적인 느낌들로 드러나면서 최고점에 이른다. 이러한 모든 억제와 강박적 느낌들을 '흘려버리는release' 것이 필요하다. 당신은 지금 그것에 의해 사용당하고 있다. 당신은 희생자다. 하지만 그것들을 흘려버린다면 마음이 조용해지고 자유로워질 것이다. 그러므로 이 한계를 만드는 느낌들과 생각들을 제거하라. 그리고 마음을 고요히 하라.

그러면 당신 자신이었던 무한의 존재infinite Being가 선명히 드러날 것이다. 당신은 당신이 단 한 번도 그 마음과 몸에 종속된 일이 없었다는 것을 보게 되고, 그 순간부터 당신의 마음과 몸은 당신에게 영향을 끼칠 수 없다. 이제 당신은 인형을 움직이듯, 몸의 움직임을 결정하면서, 사실상 몸은 인형이 할 수 있는 그 이상의 영향력을 당신에게 끼칠 수 없게 된다.

그러므로 이 모든 방법 중 최고는, 모든 무의식적 느낌들과 생각들을 흘려버리는 것으로 마음을 고요히 하는 것이다. 그러면 거기 당신 자신인 '존재the Being'만 남게 된다.

"나는 누구인가?"를 끝까지 붙잡고 늘어져보았는가?

"나는 누구인가?"는 모든 사람이 대답해야만 하는 궁극의 질문이다. 그렇다면 왜 그 마지막 질문으로 시작하지 않는가? 만일 당신이 그렇게 시작할 수 있다면 이것은 정말 너무나 좋고, 모든 것이 다 잘될 것이다. 그러나 이 질문 "나는 누구인가?"를 붙들고 늘어질 수 있는 사람은 매우 적다.

우리는 무의식적인 느낌들과 생각들에 묶여 그것으로 살고 있으며 그것들을 놓아버릴 수가 없다. 그러므로 우리는 다른 방법들과 도움들이 필요하다. 동양의 다른 주된 방법들은 즈냐나 요가, 라자 또는 끼리야 요가, 박티 요가 그리고 까르마 요가라고 하는 것들이다. 가장 좋은 방법은 당신이 가장 좋아하는 것을 하는 것이다.

각각의 길은 다른 모든 길을 포함한다. 오직 다른 점이 있다면 개개의 길은 다른 길에 비해 그 길을 더 강조하고 있다는 것뿐이다. 지적인 사람은 지성과 지혜의 길인 즈냐나의 길을 따르고, 헌신적 사람은 신을 향한 사랑과 헌신의 길인 박티의 도움을 받으면 된다. 또한 인류에 공헌하기를 좋아하는 사람은 까르마 요가를 하는 것도 좋다. 어떤 길이든 마음의 고요함으로 인도한다. 그렇게 해서 우리는 원래 우리 자신이었던 그 무한한 존재를 보게 된다.

위의 모든 방법들은 마음을 고요히 하기 위한 것들인데, 왜 마음 자체로 곧장 가지 않는가? 그것이 더 직접적이고 실용적이며 가장 효과적인 방법이 아닐까? 만일 마음을 조사한다면, 그것이 단순히 모든 의식적 혹은 잠재의식적 생각들의 총체라는 것, 그리고 어떤 특정한 일에 대한 과거의 모든 생각들은 느낌으로 집약됨을 알게 될 것이다.[15]

느낌은 이제 생각들을 일으키는 동기가 된다. 만일 우리의 생각들이 느낌들에 의해 일어난다면, 우리가 해야 할 일이 무엇일까? 생각들을 일으키는 느낌들을 흘려버리는 것이다. 그러면 우리 마음은 고요해질 것이다. 마음이 고요해지면 그 자리에 드러나는 것은 원래 우리였던 무한한 존재이고, 이것은 실로 자명한 일이다. 간단하다. 그렇지 않은가?

느낌을 흘려버리려면 어떻게 해야 할까? 누구라도 이해하고 사용할 수 있는 아주 간단한 방법이 있다. 그것이 바로 '세도나 메서드'다.

---

15 불교에서 '모든 정신적 작용은 느낌으로 한 점에 모인다.'는 말과 일맥상통한다.

자, 이제 눈에 드러난 이 세상에 대해 살펴보자. 사실상 세상은 우리가 정신적으로 창조한 상상에 불과하다. 그것은 외부의 어떤 것이 아니다. 진실의 측면으로 보면 그것은 우리 안에, 즉 우리의 마음 안에 있다. 어느 날 우리는 우리가 보고 있는 이 우주 전체를 우리가 창조했다는 것을 발견하게 될 것이다. 이것은 먼저 우리가 마음이라는 것을 창조하면서 시작되었다. 그러면 마음이 세상을 상상해낸다. 이렇게 우리는 우리의 모든 의식적, 무의식적 생각들과 느낌들로 구성된, 우리의 마음과 마음속의 세상을 창조했다.

우리에게 발생하는 모든 세세한 것들은, 우리의 생각으로 우리가 창조한 것이다. 우리에게는 정신적으로 '시간'이란 개념이 장착되어 있는데, 이것이 창조가 일어나는 과정을 더욱 이해하기 어렵게 만든다. 왜냐하면 우리는 지금 생각하고 그 생각의 결과는 한참 후에 일어나기 때문이다. 그러나 단 하나의 창조자는 마음이다. 당신의 마음. 신이 창조자인가? 맞다. 그것은 바로 당신이기 때문이다. 당신이 그것이다Thou are That! 당신이 마음을 장치해놓고 그 마음을 통해 창조한다.[16]

---

16 《법구경》의 첫 번째와 두 번째 게송을 참조하라.

원하는 것만 보면, 결국 가지게 된다

우리에게 일어나는 모든 일들이, 우리의 느낌과 생각에 의해 발생함을 발견하는 것은 꼭 필요한 일이며 좋은 일이다. 우리에게 발생하는 모든 것은, 첫째 우리의 생각 속에서 먼저 창조된다. 당신이 당신의 문젯거리를 창조했다는 것을 발견하면, 당신은 이제 당신이 갈망하는desire 어떤 것도 창조할 수 있음을 깨닫게 된다. 그러면 이제 당신은 오직 좋은 것들만 창조할 것이다.

그러나 당신이 이제 무엇이든 창조할 수 있음을 발견한 후에도 당신은 여전히 만족스럽지 않다. 그 이유는 당신이 당신 자신을 무한한 존재성infinite Beingness, 단일성Oneness으로부터 분리시켰기 때문이다. 당신은 오직 무한한 존재성이 되면서, 그리고 그것을 인식하면서 비로소 완전히 만족한다. 그러므로 거기 어떤 문젯거리라도 남아 있다면, 그것들은 오직 당신이 생각 속에서 붙들고 있기 때문이다. 당신이 그것들을 놓아버리는 순간, 그것들은 그냥 없는 것이 된다.

만일 당신이 자신은 그렇게 안 된다고 말한다면, 그것은 사실이 아니다. 당신이 그것들을 여전히 붙들고 있기 때문에, 안 된다고 말하는 것이다. 당신이 문제를 제거하기 위해 노력한다는 것은 그 문제에 여전히 매어 있다는 뜻이다. 우리가 어떤 것을 제거하기 위해 노력한다는 것은 우리가 그것을 마음에 붙들고 있음을 말하고, 그것에 의해 그 문젯거리는 계속 유지된다.

그러므로 문제를 해결하는 방법은 단 하나. 그것을 놓아버리는 것이다. 문제를 보지 말고, 당신이 원하는 것을 보라. 지금 이 순간부터 당신이 원하는 것만 본다면, 그것이 당신이 가지게 될 모든 것이다. 그러나 당신은 원하지도 않는 것을 붙들고는, 그것을 제거하기 위해 몸부림친다. 적극적이고 행복한 삶을 원한다면, 부정적인 것들을 버리고 그 자리에 긍정적인 것을 놓아라.

이것은 머리로 배울 수 있는 것이 아니다. 마음으로 배울 수 있는 것도 아니다. 왜냐하면 진리는 마음을 넘어선 곳에 있기 때문이다. 마음을 버리기 위해 마음을 사용할 수 있다. 그렇게 마음이 버려지면서 마음은 점점 더 고요해지고, 그로써 마음 너머를 볼 수 있다. 만일 이 주제가 지식으로 얻어질 수 있는 것이라면, 우리는 책만 읽으면 된다. 하지만 이것은 그런 방법으로는 얻을 수 없다.

마음 너머에 있는 진자아Self[17]를 찾는 데 집중해야 한다. 마음

---

17 이 단어를 번역하기가 난감하다. 여기서 말하는 Self는 사실 '나-없음selfless or egoless'의 상태로 불교 위빠사나 수행 쪽에서는 차라리 '무아'의 상태라고 보는 쪽이 맞다. 그렇게 뜻을 이해한 상태에서 여기서는 단순히 영어단어가 보여주는 뜻을 감안하여 진자아Self로 번역하겠다.

을 흘려버리기 위해 하나의 마음이 일어나면 그 마음 위에 관찰하는 마음을 두어라.[18] 그러면 당신은 마음 너머에 있는 진자아에 도달할 수 있다. 이것을 이해하기 위해서는 개개인이 이것을 경험해야 하고, 깨달아야 하고, 마음 너머에 도달하여 거기서 그것을 인지함으로써 그것을 진짜로 만들어야 한다. 그러면 그때 당신은 안다. 그리고 당신은 알고 있다는 것을 안다. 그리고 나면 비로소 당신은 모든 것을 아는, 전지all-knowingness의 영역에서 직관적으로 행동한다.

가장 높은 상태는 단순히 '존재함Beingness'이다.[19] 그렇게 우리가 단순히 존재하고, 그저 '뿐just be'일 때, 우리는 우리의 무한함을, 그리고 우리가 전체임을 볼 것이다. 우리는 이제 완전히 만족하고, 영원하고, 변함없는 상태가 된다.[20] 이 상태는 결코 '아무것도 없음nothingness'의 상태가 아니다. 이것은 권태로움이 아니다. 이것은 '전체성Allness'이며 '모든 것Everythingness'이

---

18 이것을 위빠사나 식으로 해석하자면, 마음은 한순간에 하나이므로 후념으로 전념을 놓아버리는 것이다. 이것은 놀랍게도 위빠사나 수행에서 대상에 관찰하는 마음sati, mindfulness을 두는 것과 똑같은 방법이다.

19 이해를 돕기 위해 덧붙이자면, 선가에서 말하는 '배고프면 밥 먹고 졸리면 잔다.'의 상태라고 볼 수 있다.

20 나는 불교의 위빠사나를 지도하는 수행자로 불교에서 말하는 것인, '불만족, 무상, 변화'와 정반대의 선언인 이 3가지 satiated, permanent, changeless 형용사를 어떻게 해석해야 할지 숙고했다. 문맥상으로 보면, 이것은 마치 위빠사나의 사띠가 계속 변하면서 이어지는 상태와 같다고 볼 수 있다. 대상은 계속 변하고, 그 대상에 대한 사띠sati, mindfulness도 사라지고 또 일어나며, 그러나 그 관찰은 계속된다. 지속되는 관찰의 상태는 안정과 만족을 준다.

다. 영원으로 이어지는 총체적 만족이다.

당신은 결코 당신의 개별성을 잃지 않을 것이다. '나'라고 하는 느낌은 결코, 절대로, 당신을 떠나지 않는다. 다만 그것은 확장된다. 당신이, 당신의 본성이 무엇인지를 발견함에 따라 발생하는 것은, '다른 사람들others'이 곧 '나'이며, 당신이 곧 나이고, 거기 그렇게 오직 '큰 하나'가 있음을 보기 시작하는 것이다. 당신은 늘 그랬듯이 지금도 거룩하고 무한한 존재, 그 하나다.

첫째 주의 수행을 위한 제안

당신은 이미 무한의 존재성이다. 당신은 이미, 당신이 하는 모든 일 이외에 다른 어떤 것들 속에서 찾는 그 행복이다. 당신은 이제까지 그래왔고 지금도 그렇다. 모든 방법과 기법들은 바로 당신을 그렇게 만들기 위해 고안된 것들이다. 이것은 레스터가 자주 말하곤 했던 "내 안에서 자명하게 드러나는 일"인 것이다. 레스터는 자주 이렇게 물었다.

"무한의 존재가 자신의 무한성을 알기 위해 얼마의 시간이 필요하단 말인가?"

시간은 필요하지 않다. 당신은 이미 당신이 찾는 그것이기 때문이다. 이 과정을 훈련해 나감에 따라, 할 수 있는 만큼 최선을 다해 이 이해를 숙고하라.

만일 '슬픔 없는 행복'을 추구한다면, 아래의 연습과정은 이미 당신 자체인, 그 무한의 행복을 발견하도록 도울 것이다.

당신을 행복하게 해주리라고 믿는 사람들, 장소들, 사물들, 상황들 그리고 성취 대상들의 목록을 만들어라. 그리고 목록에 있는 것들을 아래의 방법으로 점검하라.

각각의 항목마다 자신에게 이렇게 물어라.

"나는 이것을 통해 행복을 원하는 그 '원함'을 놓아버릴 수 있는가? 또 하나, 지금 — 그 원함이 없는 상태로서의 — 현재 그대로의 나를 행복으로 인정하고 거기에서 만족할 것을 허용할 수 있는가?"

'그런 가치의 행복이 바로 당신이다.'라는 것을 믿으라는 것은 아니다. 단지 자신을 그 가능성에 열어놓으라는 뜻이다. 또한 각 항목에 대해 위와 같은 질문으로 점검하라. 당신이 목록에 쓴 것을 가지고 싶어 하는 것은 절대 잘못된 일이 아니다. 이러한 것들을 가지지 말라는 것도 아니다. 우리는 단순히 그것을 가지는 것이 가능하다는 것과, 당신이 그것을 가졌든 가지지 않았든 행복은 거기 있다는 것, 그것을 말하는 것이다.

이것을 발견해 나가면, 당신은 당신이 가진 모든 것 속에서, 당신이 처한 모든 상황 속에서, 당신이 하는 모든 일 속에서,

당신의 자연적 본성으로서의 행복을 더욱더 많이 누릴 것이다.

다음의 대칭개념을 함께 사용해보라.

나의 행복은
내가 목록에   ←————————→   내가 찾고 있는 행복은
적은 것들로부터 온다.   바로 나다.

이러한 양극성 기법은 일상 속에서 어떤 상황이든 적용해볼 수 있다. 자신의 행복을 미래로 밀어둔 것을 알아차릴 때나, 점심을 먹을 때, 데이트를 하러 나가거나, 또는 하찮은 논쟁에서 이기고자 할 때 등. 크고 작은 여러 가지 일에서 우리는 거의 자각하지 못하고 행복을 미루며 산다. 당신은 행복을 미루는 것을 놓아버림으로써, 당신과 항상 함께하는 그 행복이 더 깊어지는 것을, 또 행복해지기 위해 당신이 필요하다고 생각했던 그 모든 것들이 더 가득 채워지는 것을 발견할 것이다.

이번 주에 당신은 아래와 같은 대칭개념을 연습할 것이다.

나는
전체로부터 분리된   ←————————→   나는 전체다.
개인이다.

이 대칭개념으로 연습하다 보면[21], 모든 분리는 우리가 안전이라는 잘못된 개념을 추구하다가 만들어진 환영이라는 것이 드러난다.

이후 7페이지는 당신의 탐험을 돕기 위해 디자인되었다. 이번 주에 얻은 깨달음과 성과를 일기처럼 매일 적어보라. 다양한 연습과정을 기록하는 것도 좋다.

---

21 예를 들어. 직장상사에게 야단을 맞아 화가 나 있다고 치자. 그러면 거기 '직장상사'와 '나'가 분리되어 있다. 그러나 그것을 자신을 포함해서 전체로 보면 그냥 하나의 상황이 된다. 마치 드라마의 한 장면처럼 바라보는 것이다.

첫째 주

궁극의 목표는 무엇인가? 그것을 어떻게 얻는가?

첫째 날

둘째 날

셋째 날

넷째 날

다섯째 날

여섯째 날

일곱째 날

문제는 무엇인가?
해결책은 어떻게 찾는가?

Problems and How They Resolve

> 만일 우리가 자신에게 일어나는
> 이 세상의 일들이 마음에 안 든다면,
> 우리가 해야 할 모든 것은,
> 우리의 의식을 바꾸는 것이다.
> 그러면 저 밖에 있는 세상이 우리를 위해 바뀐다!
> – 레스터 레븐슨

오늘날 우리는 매우 심각하고 어려운 문제들에 처해 있다. 특별히 누구랄 것도 없이 우리 모두가 그렇다. 문제가 더 심화되는 양상은 마치 우리가 퇴보하는 것처럼 보이지만 사실은 그렇지 않다. 우리가 우리 자신을 외향적으로 더 잘 표현할 수 있는 그런 단계까지 향상되었기 때문이다.

이제 사람들은 문제를 무의식 속에 숨기기보다는 세상에 표출한다. 우리가 세상에 대하여 냉담할 때는 그것을 표현하는 것도, 드러내어 행동하는 것도 어렵다. 그렇게 되면 우리의 문제들은 무의식 속에서 소용돌이치며 해결되지 않은 채로 남아 있게 된다. 그것들은 밖으로 나오지 않고, 세상에서 물질화되지 않으면서, 동시에 해결가능성도 사라진다.

냉담의 상태에서 한 단계 더 올라서면, 우리는 세상에서 좀 더 유능하게 행동할 수 있다. 그러면 문제들은 세상 밖으로 드러나는데, 이때 마치 세상이 우리를 짓누르는 것처럼 보인다. 그러나 그것은 사실상 '냉담'의 상태로부터 '행동의 시작'의 상태로 움직이는 성장의 모습이다. 이것은 '냉담-행동' 단계다. 우리가 이 상태로 들어오면, 우리는 뭔가 하기 시작하고 — 냉담하면서도 흥분한 성향을 띠면서 — 어떤 경우 이것은 자신에게조차 다분히 파괴적일 수 있다.

외관상으로 보면, 우리는 세상에 대해 그리고 자신에 대해 파괴적인 성향이 된다. 상황은 더 나빠지고, 더 많은 문제를 가진 것처럼 보인다. 우리는 퇴보하고 있다고 생각하지만 사실은 나아가고 있는 것이다. 왜냐하면 '냉담-행동'은 '냉담-비행동'보다 더 높은 상태이기 때문이다.

'냉담-행동'을 넘어선 단계는 건설적인 것과 파괴적인 것이 동등하게 있는 행동단계의 하나다.

거기에서 한 계단 위로 올라서보라. 그러면 우리가 '중요한 행위자 big doer'이며, 오직 건설적인 특성만 있는 '행동-존재성'의 단계로 들어선다. 거기서 또 올라가 보면 우리는 존재성의 단계로 들어간다. 이때는 우리가 뭔가를 할 필요가 없다. 우리는 단지 그냥, 거기 그렇게 있을 뿐이다.

오늘날의 세상은 '냉담-행동' 단계다. 그러므로 이것은 이전보다 향상된 상태로, 아주 많은 문제들을 가지게 된다. 이런 것들은 뭔가 심상찮게 보이겠지만, 사실상 향상하고 있는 것이며, 1단계에서 2단계로 나아가고 있는 중이다.

지금까지 언급된 성장의 단계는 다음과 같다.

내적 활동

1. 냉담 : 냉담으로 인한 후회와 적개심, 그리고 보복의 두려움이 표현되는 것에 대한 공포심을 품은 비행동. 주관적으로 파괴적인 상태.
2. 냉담-행동 : 외부적으로 표현할 충분한 의지를 가진 행동의 시작점. 외부적 행동의 시작점. 그러나 여전히 파괴적인 상태.

행동

3. 행동 : 1단계에서 나와 5단계인 평정을 향해 움직이는 행동의 단계. 여기서 우리는 자신에게 그리고 세상에 똑같이 건설적이면서 파괴적으로 행동.
4. 행동-존재 : 고요함이 깃든 원기 왕성한 행동. 다분히 외

향적인 행동으로 자신과 세상, 그리고 우주에 전적으로 건설적인 행동.

비행동

5. 존재 : 평온함 때문에 비행동적. '그냥 존재just be'할 수 있는 능력. 세상과 우주를 있는 그대로 목격하기, 지켜보기, 허용하기 그리고 받아들이기.

레스터 레븐슨과의 대담

Q : 여기서 말하는 세상은 일반적인 세상 사람입니까, 아니면 이 길에 열중하여 이 길을 가는 사람들입니까?.

레스터 레븐슨 : 둘 다입니다. 우리 모두가 관련됩니다. 이런 것들이 인종차별 문제, 기득권에 대한 반란, 청소년 비행 등으로 나타납니다. 베트남, 아프리카 등지에 표출되기도 하죠. 요즘[22]은 어디나 그렇습니다. 이것은 세상이 성숙하는 과정입니다(2단계).

---

22 이 책 속에 보이는 레스터의 자료들은 대부분 1960년에서 1970년 초기에 행해진 대담에서 비롯된다. 그러므로 그는 자주 그 시기에 적절했던 그 자신의 언어를 사용한다. 인구분포와 같이 여기에 인용되는 사건과 일들로 그 시기가 반영되었음을 알 수 있다.

Q : 그것은 사람들이 세상에 대처하는 방식이 향상되었다는 것입니까?

레스터 레븐슨 : 그들은 더욱 향상되었습니다. 세속적인 문제를 잘 대처하고 있다는 것이 아니라, 그런 문제들에 대해 뭔가를 한다는 점에서 그렇습니다. 그들이 세상에 대처한다고 할 때는 늘 파괴적인 측면으로 움직입니다. 문제들은 의논으로 해결할 수 있고, 그래야만 합니다. '냉담-행동'의 하나인 오늘날의 세상은, '행동 없음'의 '순수-냉담'의 낮은 상태로부터 한 단계 나아가는 상황입니다. 오늘날의 세상은 존재성의 느린 단계에 있습니다(2단계). 물질주의 시대입니다.

우리가 오직 동물적이고 육체적인 욕망만을 좇으며 살던 가장 낮은 상태로부터 1700년경부터 벗어나기 시작했습니다. 그 후 중세 암흑시대에서 벗어나 우리는 지금 좀 더 진화하고 문화적인 것들을 즐기는 두 번째 단계로 접어들었습니다. 지금은 첫 번째에서 두 번째로 넘어가는 성장통을 겪는 단계입니다.

그러나 두 번째가 굉장히 높은 정신적 단계는 아닙니다. 이 시기는 이 세상에서 과학이 발전하는 시기입니다. 세 번째 시기는 '정신적 세상a mental world'이고, 우리 모두가 연결되어 있음을 아는 시대입니다. 우리는 더욱 사랑하고, 서로 싸우기를 멈춥니다. 네 번째 단계는 사람들이 신 속에서 자신의 완전한 존재성을 자각하고, 자신과 모든 사람들의 존재성이 바로 신임을 아는 단계입니다[23]. 그는 그가 자유이며 무한한 존재임을 압니다.

이 네 시기는 그리스인들이 말한 철, 청동, 은, 그리고 금의 시대입니다. 5번째 단계는 실로 이 세상을 넘어선 것입니다. 비록 그것이 이 세상에서 완성된다 할지라도 말입니다. 이런 단계가 있지만, 누구든 언제라도 선택만 한다면, 언제든지 더 높은 단계로 올라갈 수 있습니다. 우리는 이 세상의 주된 흐름이 속한 그 수준에 머물러 있을 필요는 없습니다. 이미 길 위에 들어선 사람들은 이 일반적 수준을 넘어서 움직이고 있습니다. 우리는 복이 많습니다[24].

Q : 우리가 처한 그 모든 문제들 속에서도 그렇습니까?

레스터 레븐슨 : 그렇습니다. 이 세상의 사람들에게 모든 것은 희망이 없어 보입니다. 그들은 무력감에 빠져 있습니다. 그러나 우리는 나가는 길을 압니다. 상관없습니다. 세상이 얼마만큼 우리에게 상처를 주었다 할지라도 우리는 나가는 길을 압니다.

---

23 여기서 신God을, 나는 다르마, 전체적 법칙의 움직임으로 해석한다. 그러니까 모두가 도미노처럼 깨닫는 시대가 올 것이다.

24 오직 이것만이 진정한 복福이라고 말할 수 있다.

우리에게는 희망이 있습니다. 우리는 길을 알고 있습니다.

그렇다면 나가는 길은 어디인가요? 세상에서 행복을 찾지 마십시오. 행복이 있는 그곳에서 찾으십시오. 바로 당신의 내면, 당신 내면의 의식consciousness입니다.

무한의 기쁨은 우리의 본성이며, 우리에게 내재된 상태입니다. 우리는 무지로 인하여 한계라는 개념을 부여함으로 그 본성을 잃어버렸습니다. 나는 이것이 필요해, 나는 그가 필요해, 만일 내가 원하는 것을 얻지 못하면 나는 괴로워, 나는 심각해 등등. 향상이란, 오직 바로 이 결핍과 한계라는 개념들을 놓아버리는 것이며, 아니면 긍정적 측면에서, 내면으로 들어가 우리 자신인 이 무한의 존재성을 보는 것입니다.

우리가 고통에 떨어졌다거나 문제에 직면했다고 하는 것은 사실상, 우리가 한계적 에고ego로 있을 때입니다. 우리는 제한된 에고를 통하여 진자아를 표현하려고 시도합니다. 그런데 그것은 너무, 너무 작습니다. 그래서 우리는 찌그러지고, 고통을 받습니다. 그러니까 거기 문제가 있을 때, 당신이 해야 할 일은 당신 자신에게 묻는 것입니다. "나는 무엇을 하고 있는가? 에고ego 충동으로 무엇을 하려고 하고 있는가?" 만일 대답이 나오면, 만일 당신이 소위 말하는 문제를 어떻게 에고적으로 끌어들이고 있는지 본다면, 문제의 원인이 되는 그 생각을 무의식권에서 의식권으로 끌어올리십시오. 이것이 일단 의식권에 오르면, 당신은 그것을 자연적으로 놓아버릴 것입니다.

만일 당신이 그것을 놓아버리지 않는다면, 그 이유, 어려움을 초래했던 그 생각은 잠재의식 속에 남게 됩니다. 그래서 그 생각을 의식화시켜서 놓아버리든가, 그렇지 않으면 ─ 이것이 좀 더 고상하고 더 나은 길이긴 한데 ─ 우리가 진자라는 것을 충분히 알면 됩니다.

우리가 완전한 진자라는 것, 우리는 제한된 몸과 마음이 아니라는 것을 알면서, 모든 문제들은 즉각적으로 해소됩니다. 내가 어떤 문제나 근심을 일으키는 모든 동기가 에고라고 말할 때, 그것은 마치 모든 것을 에고에 떠맡기며 고발하는 것처럼 들립니다.

그러나 당신은 그것이 사실임을 발견할 것입니다. 당신이 그저 단순히 진자아일 때, 문제 같은 것은 다 없어지고, 애쓰지 않아도 거기에 완전하지 않은 것이 없고, 조화롭지 않은 것 없이 모든 것이 저절로 척척 돌아갈 것입니다. 무슨 일을 성취하려고 할 때, 더 에고적일수록 더 어려워지고, 덜 조화롭고, 더 고통스러워집니다. 이것은 그렇게 간단합니다.

쉽지 않은 그것은, 바로 에고의 바탕 속에서 빡빡 우기면서 붙잡고 있는 오래된 잘못된 습관을 놓아버리는 것입니다. 이 습관은 강합니다. 이것은 수천 년 동안 깊이 뿌리 박혀 있었습니다. 우리는 이제 이것을 놓아버리려고 하는데, 그것이 그렇게 쉽게 놓아지지는 않습니다. 왜냐하면 습관은 정말로 오래, 오래, 거기 그렇게 있었기 때문입니다.

그럼에도 불구하고, 우리가 그것을 놓아버리기를 선택한 그 순간, 우리는 할 수 있습니다. 만일 우리가 "놓아버릴 수가 없다."고 말한다면, 그것은 우리가 정말로 그러고 싶지 않기 때문입니다. 놓아버리고자 하는 갈망이 충분히 강하지 않은 것입니다.

내가 이것을 너무 단순화시켰나요? 당신은 내가 왜 당신에게 이 말을 하는지 알고 있습니다. 왜냐하면 나는 당신이 이런 말들을 정말 많이 들어왔다는 것을 알기 때문입니다. 당신은 아마도 이런 깨달음으로 가는 방법들을 여러 가지로 복잡하게 들어왔을 것입니다. 어떤 면에서 오히려 그 목적을 가려버릴 수도 있는 그런 방법들 말입니다.

그러나 일단 우리가 그것을 받아들이면 우리는 그것의 단순함을 보게 됩니다. 우리가 해야 할 일은 바로 실행입니다. 그리고 이것은 다른 누군가가 대신할 수 없습니다. 우리 자신을 위해 우리 스스로 해야 합니다.

그저 일어나야 할 일이 일어나도록

Q : 제 친구는 가톨릭 신자이고 매우 독실합니다. 상황이 아주 암울해졌을 때 그녀는 절망했고 정말 바닥까지 내려갔습니다. 그런데 바로 그 순간에 뭔가가 일어났습니다. 그리고 모든 것이 제대로 움직이기 시작했습니다.

레스터 레븐슨 : 당신은 왜 그녀가 바닥까지 가야만 했는지 압니까?

Q : 글쎄요, 그녀는 믿음도 있고, 그녀는 알고 있어서….

레스터 레븐슨 : 아니, 아닙니다. 그녀는 믿음이 없습니다. 독실하지도 않습니다. 이것이 그녀의 문제입니다. 자, 보세요. 믿음은 그녀에게 모든 것을 놓아버리게 할 것이고, 신God — 믿음이 독실하고, 겸허하며, 항복하는 — 도 사실상 같은 일을 일으키게 합니다. 외부적으로는, 그녀는 당신이 말한 그대로입니다. 하지만 내적으로는 그녀는 내가 말한 그대로입니다. 그녀는 자신이 모든 것을 조정하려고 시도합니다. 그것은 놓아버리는 것이 아닙니다. 신이 임하도록 하는 것도 아니죠.

Q : 그녀는 기도합니다.

레스터 레븐슨 : 맞습니다. 그녀는 기도합니다. 그러나 그녀는 자신이 원하는 대로 모든 것이 일어나기를 원합니다. 하지만 곧 자신의 기도가 소용없음을 발견합니다. 만일 당신이 항복하면,

당신은 기도할 필요가 없습니다. 당신 자신을 놓아버리고 신이 임하도록 합니다.

언제 그녀를 놓고 신이 임하도록 합니까? 그녀가 어떤 것도 더 이상 할 수 없을 때, 그녀는 놓여납니다. 극단 속에서 그녀는 자신을 놓아버리고, 자신을 놓아버린 그 순간 모든 것은 그것 자체를 용해합니다. 알겠습니까? 상황이 극단에 이르면 그녀는 느낍니다. "오, 내가 할 수 있는 일은 아무것도 없어." 그리고 그때가 바로 자신을 놓고 신이 임하도록 하는 때입니다. 만일 당신이 이 논점을 보여줄 수 있다면, 그녀는 십중팔구 그것을 이해할 것입니다. 그리고 나서는 그것을 좀 더 의식적으로 사용할 수 있을 것입니다.

Q : 저는 그녀에게 스스로에 대해 좀 더 신뢰를 가져야 한다고 늘 말하곤 합니다.

레스터 레븐슨 : 확신과 믿음 중에서 더 강한 것이 확신입니다. 신에 대한 확신 말입니다. 그것이 할 것입니다. '놓아버리고 신이 임하도록' 하십시오. 그러면 모든 것이 제자리를 잡을 것입니다. 그러나 우리가 그것을 하려고 할 때 문제투성이가 됩니다.

Q : '놓아버리고 신이 임하도록'이라고 말할 때, 우리가 영감에 의해 일해야 한다는 것을 말하는 겁니까? 아니면 그저 멀리

물러나 일이 일어나기만을 기다리란 말입니까?

레스터 레븐슨 : '그저 일어나야 할 일이 일어나도록'이라는 느낌을 가지십시오.[25] 이것을 완성시키기 위해 우리는 에고적 경향성을 놓아버려야 합니다. 에고는 "나는 레스터라는 개인이다. 나는 몸과 마음을 가지고 이것을 한다."라는 느낌입니다. 이것이 잘못입니다. '나'는 '레스터'를 길에서 물러나도록 하고 '신' 또는 '진자아'가 작동하도록 해야 합니다. 이것이 성취되었을 때 당신은 사물들 속에서 떠다니는 것 같고 노력조차 필요 없어집니다. 만일 거기 노력이 있다면, 거기 에고가 있습니다.

물론, 당신은 지금 어느 정도 노력을 해야만 합니다. 왜냐하면 당신은 '깨달은 진자아'처럼 시작하지는 못하니까 말입니다. 보지 않았습니까? 이 여성분이 극단에 달했을 때, 그녀는 자신이 행위자여야the sense of doership 한다는 인식을 놓아버렸습니다. 그러자 상황은 노력 없이도 저절로 일어났습니다. 그것이 놓아버림, 그리고 신의 임함입니다.

믿음을 선포하는 것, 혹은 이 모든 것들을 선포하는 것은 도움이 되지 않습니다. 사실상, 믿음 그것 자체가 되면 도움이 됩니다. 그 여자가 문제를 가졌다는 사실 자체가, 그녀가 신에 대

---

25 위빠사나의 관점에서 본다면 '무상'과 '무아'이며 '연기'적 지혜를 말한다고 볼 수 있다. 에크하르트 톨레의 《지금 이 순간을 살아라》도 '받아들임'과 같은 맥락이라고 본다.

한 확신이 없음을 증명합니다. 왜냐하면 신은 전체이기 때문입니다. 신은 완전합니다. 그리고 만일 신이 전체이고 완전하다면, 모든 것은 완전해야만 하고 그것은 그 어떤 불완전이나 문제를 남기지 않음을 말합니다. 만일 당신에게 이런 사고방식이 일어나면, 그렇게 하십시오. 그것은 내가 행위자가 아니라는 느낌입니다. 나를 놓고 상황이 일어나도록 하십시오.

Q : 언제 제가 '에고'인지 잘 모르겠습니다.

레스터 레븐슨 : 노력이 없을 때, 거기에는 에고가 없습니다. 더 많이 노력할수록 에고가 더욱 강해집니다.

Q : 노력이 극에 달하면 어쨌거나 우리는 다른 길로 가게 됩니다. 정말 그렇습니까?

레스터 레븐슨 : 맞습니다. 나는 에고인지 아닌지를 알 수 있는 방법을 말해보겠습니다. 더 노력할수록 더 강한 에고를 부릅니다. 그러나 어쨌든 당신이 완전히 깨달을 때까지는 노력이라는 도구를 사용해야 합니다. 언젠가는 당신이 노력을 필요로 하지 않는, 그런 시간이 올 것입니다. 그리고 모든 것은 완전하게 당신 뜻대로 돌아갈 것입니다. 이때 당신은 바로 당신의 진자아입니다.

Q : 이런 자세는 우리를 게으름에 빠지게 할 것이고, 그러면 우리는 아무 행동도 하지 않을 텐데, 정말 그러라는 말입니까? 아무것도 시도하지 말라는 이야기입니까? 저는 이해가 안 됩니다.

레스터 레븐슨 : 게으름은 행동입니다. 부정적인 측면의 행동이죠. 움직임으로부터 당신을 묶어놓는 행동입니다. 당신이 '행동 없음'의 상태가 되는 것은 지금 불가능합니다. 행동 없음의 상태를 얻기 위해서는, 당신은 그것을 한꺼번에 할 수는 없기 때문에, 자꾸, 자꾸, 에고를 놓아버려야만 합니다.

만일 그렇게 할 수 있다면, 당신은 완전히 깨달은 것입니다. 그러나 당신이 꾸준히 에고를 놓아버린다면 결국 그것을 놓을 것이고, 그러고 나면 행위자가 되기보다는 목격자가 될 것입니다.[26]

이해가 됩니까? 행위자가 되지 마십시오. 그냥 일어나게 하십시오. 이런 느낌을 가지십시오. 이것은 신의 세상입니다. 그러므로 무슨 일이 일어나든 그가 하도록 하십시오.

---

26 행위자와 목격자의 차이는? 이 부분에 대해 많은 사람들이 혼란을 느낀다. 예를 들어, 영희가 교실을 청소한다. 그러면 영희는 생각한다. '내'가 교실을 청소했다. 여기서 영희는 행위자다. 반면 청소라는 상황이 일어났고, 청소라는 상황이 끝났다고 안다. 여기서 영희는 목격자다. 목격자가 된다는 것은 행동을 하지 않는다는 의미가 아니다. 자기 자신을 포함한 전체 상황을 알아차리는 의식의 상태를 말한다.

인생은 아무 노력 없이도 잘 굴러간다

Q : 문제를 어떻게 제거합니까?

레스터 레븐슨 : 당신이 "나는 문제를 가졌어."라고 말하는 순간, 당신은 막힙니다. 실제로 문제를 만들고 있습니다. 당신은 문제를 제거하지 못합니다. 왜냐하면 당신이 그것을 진짜로 만들고 있기 때문입니다.

Q : 만일 제가 문제를 가졌는데도 "나는 아무 문제도 없어."라고 말한다면, 그럼 그것이 사라집니까?

레스터 레븐슨 : 아닙니다. 만일 당신이 "나는 아무 문제도 없어."라고 말한다면, 그것들은 없어지지 않습니다. 왜냐하면 당신이 "문제는 없어."라고 말하고 있기 때문입니다. 여기서 당신은 정신적으로 문제를 붙잡고 있습니다. 그러면서 그것을 계속해서 지탱하고 있습니다. 당신의 마음에서 문제를 지우십시오. 모든 것이 완전함을 안다면, 문제는 이미 존재하지 않습니다.

Q : 그런 식이라면 정말 모든 것은 완전합니다.

레스터 레븐슨 : 만일 당신이 정말로 그렇게 한다면, 모든 것은 틀림없이 완전해집니다.

Q : 만일 사람들이 처음부터 이것을 알았더라면, 그 수많은 문제들과 마주했을 때 얼마나 쉬웠을까요?

레스터 레븐슨 : 맞습니다. 자연스럽게, 인생은 총체적으로 아무 노력 없이도 잘 굴러갈 것입니다. 우리가 진자아로 있을 때는, 어떤 경우에도 인생에 노력은 필요 없습니다. 그러나 우리가 제한된 에고로 살기를 고집할 때, 그것 자체가 노력을 요합니다. 자연스런 상태가 무한이라면, 그것을 한정지으려 할 때는 노력이 필요합니다.

무한한 진자아가 되는 데 노력은 필요가 없습니다. 당신 친구의 경우처럼 말입니다. 그녀가 극단에 처했을 때, 그녀는 에고를 놓아버렸고, 모든 것은 노력 없이 제자리를 찾았습니다. 그전까지 그녀는 언제나 노력하고 또 노력했습니다. 하지만 그러면 그럴수록 상황은 더욱 악화되었습니다. 그러나 그녀가 포기하고 놓아버리니 상황은 해결되었습니다.

Q : 그녀는 직업을 구하기 위해 나가야만 합니다. 그녀는 가만히 손 놓고 앉아 있을 수만은 없는 상황입니다.

레스터 레븐슨 : 나는 '그녀가 했어야 할 일은 놓아버림과 신이 임하도록 하는 것'이라고 말하고 있습니다. 그러면 그녀가 독방에 들어가 문을 잠그고 있다 할지라도 일어날 일은 일어나서 그녀

에게 올 것입니다.

아무것도 하지 마십시오. 그렇다고 두 손 놓고 기다리기만 하라는 것은 아닙니다. 단지 행위자의 개념만 놓아버리십시오. 당신은 그냥 모든 것이 완전하다는 것만 알면 됩니다. 그러면 당신이 가진 아주 미미한 생각도 즉각적으로 물질화되어 당신에게 나타날 것입니다.

신, 즉 진자아에게 한계란 없습니다. 당신이 한계의 생각들을 놓아버리면, 당신이 생각한 것은 그것이 무엇이든 당신에게 올 것입니다. 왜냐하면 당신은 당신의 무한한 힘, 즉 당신의 진자아를 불러일으키고 있기 때문입니다. 이것을 멈출 수 있는 것은 아무것도 없습니다.

Q : 그러나 동시에 우리는 어떤 행동을 하기 위해 버둥거려야만 합니다.

레스터 레븐슨 : 아닙니다. 그렇지 않습니다. 오히려 그 반대입니다. 나는 당신에게 독방에 들어가 문을 잠그고 자물쇠로 채우라고 말할 것입니다. 그리고 내가 말한 대로 한다면, 당신은 당신이 원하는 것이 당신에게 그렇게 나타나는 것을 발견할 것입니다. 그렇게 될 수밖에 없습니다. 이것을 멈출 수 있는 것은 아무것도 없습니다. 전능의 신이 불러 일으켜지는 것입니다.

Q : 그렇다면 우리는 무엇을 위해 기도해야 합니까? 기도는 무엇을 의미합니까?

레스터 레븐슨 : 기도는 기도를 필요로 하는 사람들을 위한 것입니다. 당신이 아는 것이 무엇인지 알았을 때, 당신이 안다는 것을 당신이 알 때, 당신은 누구에게 기도를 합니까? 당신이 바로 그것인데, 왜 그것에 새삼스레 기도를 한단 말입니까? 기도란 이미 둘을 전제하고 있습니다. '내'가 '신'에게 하는 거니까요. 당신의 전체성을 유지하십시오.

그럼에도 불구하고 우리가 기도를 한다면 딱 하나 달라고 기도해야 할 것이 있습니다. 그것은 바로, 어떤 기도나 요구의 필요를 제거하기 위한 더 많은 지혜입니다.

사실 모든 것은 그 사람이 이 모든 상황을 얼마나 이해하고 있는가에 달려 있습니다. 지금 대부분의 세상 사람들이 기도를 필요로 합니다. 그러나 기도는 이중성을 내포하고 있습니다. 바로 신이 '밖'에 있다는 것입니다. 우리는 신이 내면에 있다는 것을 알아야만 합니다.

예수가 "신의 왕국은 내면에 있다."고 말했지만, 우리는 여전히 밖에서 신을 찾아 헤맵니다. 그러나 그는 밖에 없습니다. 그는 안에 있을 뿐입니다. 그는 바로 우리 자신의 존재성으로 드러납니다.

우리가 말하는 나, 아무것도 더하지 않은 나, 그것이 우리가 찾는 신입니다. 우리가 '나는 어떤 것'이라고 말할 때, 그것은 그것이 아닙니다. 또는 '나 그리고 어떤 것', 이것도 신이 아닙니다.

단순히 '나' 그리고 오직 '나', 이것이 신입니다. 그래서 신은 우리의 살덩어리보다 가깝다고 하는 것입니다. 그것이 바로 '나'입니다. 그리고 그 '나'는 얼마나 가까울까요? 그것은 그렇게 살덩어리보다 더 가까운 것입니다. 그것이 신입니다. 바로 당신 자신인 진자아입니다!

Q : 그것은 정말 기분 좋은데요.

레스터 레븐슨 : 그렇습니다. 그것이 당신이 무의식적으로 알고 있는 것을 상기시켜주기 때문입니다. 바로 당신 자신이 진자아라는 것. 그저 '나'라는 것을 보십시오. 오직 "나, 나, 나…." 그러면 당신은 유쾌해질 것입니다. 당신이 혼자일 때 시도해보십시오. 단지 "나, 나, 나…." 그러나 "나는 몸이다. 나는 마음이다."라고는 하지 마십시오. 그냥 "나, 나, 나…."라고 하는 존재성의 느낌입니다.

나는 신을 단 한 단어로 표현할 때 가장 적절한 말이 '존재성 Beingness'이라고 생각합니다. 신은 존재하는 모든 것의 존재성입니다all Beingness.

　제한된 몸과 마음, 그렇게 작은 부분인 척하는 우리는 모든 것의 존재성입니다. 당신이 내면을 들여다볼 때, 당신은 당신이 모든 것들의 존재성임을 볼 것입니다. 존재성은 신입니다. 존재성은 깨어 있음이고 의식입니다. 그것들은 같은 것입니다. 나중에 당신은 깨어 있음과 의식, 그것들이 동일한 것임을 알게 될 것입니다. 그러므로 진자아가 되십시오. 그러면 거기 어떤 문제도 없을 것입니다.

　이 세상에 문제가 있다고 하는 것은 단지 당신이 한정된 '에고-몸-마음'에 빠져 있다는 것을 보여줄 뿐입니다. 만일 당신이 당신 삶에 문제가 있다고 생각된다면 그렇게 하십시오. 그러나 만일 당신이 신은 모든 것, 신은 완전[27]이라는 것을 받아들인다면, 그것이 거기 있는 모든 것입니다. 거기서 그렇게 완전을 보십시오. 그러면 그것이 이제부터 당신이 항상 만날 모든 것입니다.

---

27 '신은 완전이다.' 이런 표현들은 불교 수행자들에게는 어쩌면 거부감을 줄 수도 있을 것이다. 여기서 굳이 단어가 주는 개념에 빠질 필요 없다. 그 단어의 개념이 지칭하는 본질을 보자. 또한 이 책의 저자 레스터 레븐슨은 불교 공부를 안 한 사람이었다는 것도 참조하기 바란다. 여기서 '신은 완전이다.'라는 말은 에크하르트 톨레의 '지금Now을 그대로 받아들임'과 같은 맥락으로 볼 수 있다. 불교적 용어로는 연기의 필연성을 보여준다. 이 순간에 일어나고 있는 모든 것은, 원인과 결과로 그 누구도 바꿀 수 없는 필연이므로 그 순간마다 완전하고, 또는 내가 만든 원인의 결과로 거부할 수 없는 것이기에 '받아들임'이 요구된다. 덧붙이자면 기독교에서 말하는 '나의 뜻대로 마시고 주의 뜻대로'라는 말도 적용할 수 있다.

Q : 그러면 우리는 '문제'라는 단어를 없애버려야만 합니까?

레스터 레븐슨 : 그렇습니다. 당신은 '문제', '할 수 없다', '하지 않는다', '그럴 수는 없을 거야' 같은 모든 부정적 말들을 다 지워버려야 합니다. 미래에, 우리가 모두 조화의 단계에 이를 때, 이러한 모든 단어들은 사라져버릴 것입니다.

Q : 깨달음의 길에 더 많이 다가설수록, 세상의 많은 것들이 점점 더 피상적으로 보입니다. 이런 것들이 향상인지 잘 모르겠습니다. 아니면, 내가 나와 세상에 점점 더 무관심해지는 것이 아닌가요?

레스터 레븐슨 : 그것은 향상입니다. 무관심해지는 것, 그것은 무집착입니다.

Q : 저는 정치 같은 것, 한때는 정말 굉장히 중요하다고 생각했던 모든 것들에 전혀 관심이 없습니다. 이것이 나쁜 것입니까?

레스터 레븐슨 : 당신의 느낌은 어떻습니까?

Q : 느낌에 대해서는 생각해보지 않았습니다. 사람들은 자신들이 하는 일들이 정말로 중요하다고 생각하는 것을 보았습니다. 그리고 내가 그들과 같은 방법으로 느끼지 않는 것이 잘못된 것 같다는 생각이 듭니다.

레스터 레븐슨 : 아닙니다. 당신이 옳습니다. 당신이 더 높아질수록 당신은 더 많은 완전함을 봅니다. 그러면서 문제를 더 적게 봅니다. 문제가 많다고 하는 사람일수록 낮은 차원의 사람입니다. 당신이 말하고 있는 것은 문제들입니다. 문제를 보는 사람들은, 당신도 자신들이 보는 그 방법대로 보기를 원합니다. 그리고 그렇게 보지 않는 사람들에게는 '틀렸다'고 말합니다.

당신은 이런 경우 당신을 잘 지켜야 합니다. 당신이 향상될수록, 당신의 수준까지 미치지 못하는 사람들은 당신을 자신들의 수준으로 끌어내리려고 할 것입니다. 그냥 그들이 당신이 잘못이라고 생각하게 놔두십시오. 당신은 당신이 옳다는 것을 압니다. 논쟁하지 마십시오. 무익한 일입니다.

Q : 사람들이 제가 이기적이라고 생각하도록 몰아가는 것 같다는 생각이 듭니다. 저 자신도 그렇게 느낍니다. 글쎄, 이것이 맞는지 틀리는지 모르겠습니다. 그래서 의논해보려고 하는 것입니다.

레스터 레븐슨 : 이런 것입니다. 당신이 그들이 생각하는 대로 생각하지 않을 때, 그들은 당신을 이기적이라고 부릅니다. 조사를 해보십시오. 당신이 문제를 얼마나 안고 있느냐 하는 것이 당신이 이기적이지 않음을 보여주는 것은 아니지 않습니까? 당

신이 거기 문제 같은 것은 없음을 보는 것, 그리고 오직 완전만이 있다는 것을 다른 사람들도 보도록 도와주는 것, 그것이 바로 이기적이지 않음을 보여주는 것입니다. 이것이 남을 돕는 방법입니다. 당신은 이기적이지 않습니다. 오히려 매우 건설적입니다.

Q : 오직 남을 돕겠다는 열정으로 모든 것을 하라는 것, 그것이 사랑입니까?

레스터 레븐슨 : 맞습니다. 오직 사랑을 느끼십시오. 꼭 뭔가 해야 할 필요가 있는 것은 아닙니다. 사랑하십시오. 그러면 당신의 생각들은 긍정적인 것뿐입니다. 생각들은 행동보다 훨씬 강력합니다. 생각은 행동의 근거이며 행동에 영향을 끼칩니다. 기폭제 역할을 합니다.

생각은 행동 이전에 오는 것이고, 행동을 결정하는 것입니다. 깨달은 사람이 어딘가 깊은 동굴에 앉아 있으면 그 자신의 존재만으로도, 뭔가 행동으로 보여주는 것보다 세상을 위해 더 좋은 일을 하는 것입니다. 그의 도움은 모두에게 무의식적으로 받아들여지면서, 그는 모든 사람을 돕는 것이 됩니다.

다시 우리는 우리가 전에 말하던 그것으로 돌아왔습니다. 가장 바닥의 상태는 행동 없음입니다. 중간 상태는 행동이고, 꼭

대기 상태는 행동 없음입니다. 가장 바닥의 상태는 냉담한 비활동으로 매우 파괴적입니다. 이것은 단지 모든 것이 멈추기를 원하고, 사실상 모든 것을 파괴합니다.

꼭대기 상태는 모든 것이 '있는 그대로' 존재하도록 합니다. 왜냐하면 모든 것이 완전하기 때문입니다. 이 상태에 있는 사람은 강력하게 이것을 정신적으로 모든 존재에게 투사합니다. 중간 상태는 당신을 바닥에서 꼭대기의 균형과 평정 쪽으로 움직여가는 행동상태입니다. 당신이 더 향상됨에 따라 당신의 수준까지 올라오지 못한 사람들은, 그들이 있는 그곳으로 당신을 끌어 내리려고 할 것입니다.

Q : 그러니까, 그런 것들이 바로 우리가 얼마나 흔들리는지 볼 수 있는 시험대이고 실험장이라고 할 수 있겠군요.

레스터 레븐슨 : 맞습니다. 당신의 확신을 시험합니다. 만일 당신이 그들에게 밀려간다면 당신의 확신은 어디에 있습니까? 당신이 그들에게 밀려간다는 것은, 그들이 사는 방법이 옳다고 믿고, 당신도 그 방법대로 살겠다고 하는 것과 같은 것입니다.

Q : 어떤 것이 쉬운지 저는 압니다.

레스터 레븐슨 : 아닙니다. 한번 해보십시오. 만일 당신이 그들의

방법이 더 쉽다고 생각한다면 그 길을 가십시오. 그러면 당신은 더욱 비참해질 것입니다. 그들이 그러고 있는 것처럼.

Q : 때로는 군중의 하나가 되는 것이 더 쉬운 일입니다.

레스터 레븐슨 : 에고는 인정받고자 하는 갈망이 큽니다. 그러한 갈망은 그런 것들이 더 쉬운 것처럼 보이게 합니다. 그러나 당신은 그렇지 않다는 것을 발견할 것입니다. 당신은 이제까지 군중 속의 하나였습니다. 그렇지 않습니까? 당신도 이제까지 그렇게 살아왔습니다. 어땠습니까? 쉽지 않았습니다. 보십시오. 옳은 길이 쉬운 길입니다. 보이지 않습니까? 올바른 길이란 놓아버림이고 신이 임하도록 하는 것입니다. 그러면 모든 것은 노력 없이 저절로 완전하게 이루어집니다. 그러나 뭔가 '내'가 해야만 할 때, 그것은 신이 아닙니다. 그것은 '내'가, 즉 에고가 뭔가 하거나 상황을 바꾸거나 이 세상을 고치고자 하는, 등을 원하는 것입니다.

Q : 이런 일들이 일어날 때, 만트라나 어떤 그 비슷한 것들이 도움을 주는 최상의 것들입니까?

레스터 레븐슨 : 확언은 늘 좋은 것입니다. 만트라, 즉 주문은 확언입니다. 그것은 자꾸, 자꾸 반복됩니다. 이처럼 일을 할 수 있

도록 도와주는 것이라면 어떤 것이라도 하십시오. 그리고 당신이 해야만 하고, 되어야만 한다고 생각하는 그것이 되십시오.

Q : 바로 그것이 무엇인지를 저는 모르겠습니다.

레스터 레븐슨 : 당신이 누구인지, 무엇인지를 찾는 것, 당신의 진자아를 아는 것이 해야 할 혹은 되어야 할 최상의 것입니다. 당신은 생각을 놓아버리면서 당신이 진자아가 되었다고 느끼는 그런 순간이 있었습니다. 그렇지 않습니까?

Q : 그건 정말 굉장했습니다. 하지만 제가 늘 그럴 수 있을까요?

레스터 레븐슨 : 물론, 그럴 수 있습니다. 거기 그렇게 머무르십시오. 그것이 전부입니다. 그저 당신 자신으로 있으십시오. 당신은 지금 바로 여기에서 무한하고 전지전능합니다. 그것이 되십시오. 이 제한되고 비참한 작은 에고가 되기를 멈추십시오.

Q : 그런데 저도 저 사람과 똑같은 문제에 봉착했습니다. 그리고 저는 제가 너무 무관심해진다고 생각했습니다.

레스터 레븐슨 : 맞습니다. 당신은 부정적인 것에 대해 무관심해지고 있습니다. 그런데 그것이 뭐가 문제입니까? 무엇이 정치입니까? 그것은 강제와 조절의 구성장치일 뿐입니다. 모든 사람이 모든 사람을 사랑하는 사회에 정치라는 것이 필요하다고

생각하십니까? 만일 당신이 세상을 돕기를 원한다면, 당신 자신이 성장하도록 도우십시오. 그러면 그것이 정치에 관여하는 것보다 더 많이 세상을 돕게 될 것입니다. 당신이 더 많이 사랑할수록 세상을 더 많이 돕는 것입니다. 세상을 바로 잡을 수 있는 것은 국회가 아니라, 충분히 많은 사람들의 사랑입니다.

예를 들어 미국 대통령은 모든 미국인의 의식의 총합, 생각의 총합을 대표한다고 보아야만 합니다. 저 밖에 보이는 세상은 바로 우리의 집합의식입니다. 원리, 신의 법칙은 사람의 법을 소용없게 하고 그것을 대체합니다. 의식 그리고 생각이 모든 것을 결정합니다. 만일 우리가 세상에서 우리에게 일어나는 어떤 것들을 원치 않는다면, 우리가 해야 할 일은 오직 우리의 의식을 바꾸는 것뿐입니다. 그러면 저기에 있는 세상이 우리를 위해 바뀝니다.

Q : 이러한 일은 여러 번 큰 노력을 기울여야 하지 않습니까? 가끔 저는 제가 원하는 일을 할 수 있는 배짱이 없다고 생각됩니다.

레스터 레븐슨 : 그럴 수 있습니다. 그런데 왜 배짱이 없습니까?

Q : 모르겠습니다.

레스터 레븐슨 : 에고 때문입니다. 당신은 에고에게 인정받기를

바랍니다. 당신은 에고의 인정을 찾고 있습니다. 당신은 에고가 당신에게 원하는 길로 가기를 원합니다.

Q : 제가 에고에게 인정받기를 바란다기보다는, 에고가 저를 인정하지 않는 것을 원치 않는 것 같습니다.

레스터 레븐슨 : 같은 것이 아닌가요?

Q : 저는, 문제를 해결했을 때 그것이 다시 올라오지 않는다고 했던, 지난번에 당신이 했던 말을 기억합니다. 네, 그것은 맞습니다. 그러나 다시 새로운 것들이 나타나지요. 우리가 우리의 마음속에서 어떤 것을 해결하면, 그러면 사다리의 한 계단을 올라왔음을 압니다. 어쨌든 그것은 다시 나타나지 않습니다. 정말 큰 도움이 되긴 하죠. 그러나 거기 다시 새로운 문제들이 늘 있다는 것입니다.

레스터 레븐슨 : 이 세상이란 곳에서 문제는 끝이 없습니다. 당신은 이 세상에 살면서 계속해서, 열심히, 열심히 문제를 해결하려고 하고, 하고, 또 합니다. 그러면 점점 더 많은 문제를 가질 것입니다. 당신이 무엇인가를 문제라고 의식하는 한은 그것들이 존재합니다.

오직 당신이 진정한 당신을 발견할 때 거기 문제는 없어집니다. 당신이 하고 있는 것은 불 속에 손을 넣고 이렇게 소리치는 것입니다. "앗, 뜨거! 손이 타고 있잖아! 이것 보게, 나는 문제가 생겼네." 이것이 전부입니다.

당신이 그런 짓을 하고 있다는 것을 보면, 당신은 멈춥니다. 만일 당신이 문제가 있다면, 당신이 당신의 손을 문제 속에 넣고 있는 것입니다. 그리고 이렇게 소리치겠죠. "나 상처 받았어!" 그리고 마치 자신이 거기에 손을 넣지 않은 것처럼 행동합니다.

당신이 그런 게 아닌 것처럼 행동하지만, 실상은 당신이 범인입니다. 문제는 당신의 의식 안에 있습니다. 그것은 당신 마음에 있습니다. 당신의 마음을 바꾸십시오. 당신의 의식을 바꾸십시오. 그러면 즉각적으로 거기 더 이상 문제가 없게 됩니다. 시도하십시오. 그러면 그렇다는 것을 볼 것입니다.

Q : 작년에 우리가 전부 다 모였을 때, 우리는 매우 고양되었었고 문제는 아주 적었었습니다.

레스터 레븐슨 : 그것이 모임을 열고 함께하는 가장 중요한 목적입니다. 사람들은 당신을 지지해주고 방향을 상기시켜줍니다. 당신은 같은 방향으로 가기 위해 분투노력 하고 있는 사람들과 함께하는 것입니다.

당신은 세상이 움직이는 반대 방향으로 움직이고 있습니다.

당신은 가능한 한 많은 긍정적인 친구들이 필요합니다. 그리고 당신이 당신 자신일 때, 당신은 당신이 아닌 것 — 제한된 몸과 마음 — 을 멈춥니다. 그리고 그냥 당신, 즉 무한한 총체적 자유, 장엄하고 영광스러운 존재, 전체적이고 완성된 존재가 됩니다.

둘째 주의 수행을 위한 제안

당신 내면을 보라. 만일 당신이 기꺼이 문제가 없는 세상에서 살기를 원한다면 말이다. 만일 거기 어떤 망설임이라도 있다면, 그것은 아마도 본인은 눈치 채지 못하겠지만, 당신이 인생에 문제를 만들기를 원하기 때문이다. 스스로를 제한된 몸과 마음이라고 생각하는 한, 우리는 그렇게 한다. 우리는 우리가 세상의 누구처럼 살아야 하고, 그리고 삶의 목적을 가져야만 한다고 느낀다. 만일 문젯거리가 없다면 우리가 필요 없을 것이라고 두려워한다.

어떤 면에서는 맞는 말이다. 우리는 제한된 '몸—마음—에고'라는 우리의 존재를 정당화하기 위해 문젯거리를 만든다. 하지만 그것을 잘 풀려고 여기에 있는 것이 아니다. 한계 속에 덜 뛰어들수록, 풀어야 할 문제들을 덜 만들어낸다. 그런 사람은 또한 세상에서 문제를 덜 본다. 레스터가 "외관상 불완전하게 보이는 것들 속에서 완전을 보라."라고 반복적으로 말했듯이.

이것을 보는 다른 방법은 이것이다. 만일 신만이 오직 행위자라면 신은 완전하다. 거기 어떻게 문제가 있겠는가? 우리는 '그것은 내가 아니고 나를 통해 일하는 아버지'라고 알고 거기에 편하게 안식하는 것에 반해서, 오직 이 행위를 하는 자가 '나'라고 느낄 때만 문제라는 것들을 발견한다.

당신이 이것을 망설이거나 주저하지 않고 받아들인다면, 받아들인 만큼, 비록 당신 주변의 모든 사람들이 그렇게 산다 할지라도, 당신은 세상 속에서 문제를 덜 발견할 것이다. 또한 당신은 당신 주변의 사람들에게 더욱 긍정적인 영향을 끼칠 것이다. 왜냐하면 당신이 그들을 완전으로 받아들이고 그들을 제한된 몸-마음이 아니라 그들의 온전한 존재성으로 보기 때문이다.

이번 주에 당신이 당신 삶 속에서 문제를 본다면, 자신에게 이렇게 말하라.

"어떤 황당한 에고의 갈망이 이 문제를 만들고 있는가?"

만일 당신이 스스로에게 냉정하게 자신을 볼 것을 허용한다면, 당신 자신에게 당신 자신을 냉정하게 보기를 허락한다면, 당신은 에고의 갈망을 볼 것이다. 그리고 만일 그것이 그 당장에 자연스럽게 놓아지지 않는다면 자신에게 그저 이렇게 말하라.

"내가 원하는 그것을 놓아버릴 수 있는가?"

또한, 때때로 당신이 당신 자신인 존재성으로 있기보다는 에고의 갈망에 밀착하려고 하는 것을 자각할 때는, 당신은 자신에게 이렇게 물을 수 있다.

"나는 이것에 적절히 안주하기를 원하는가, 아니면 자유롭기를 원하는가?"

이러한 태도는 아마도 당신으로 하여금 사랑을 갈망하게 하는 것에서 벗어나게 해줄 것이고, 자유를 향한 열망을 더 강하게 해줄 것이다.

아마도 당신을 당신의 사랑 혹은 원함으로부터 놓여나게 해줄 것이고, 그리고 자유를 향한 갈망을 더 강하게 해줄 것이다. 만일 거기 머뭇거림이 있다면 당신 자신에게 물어보라.

"내가 그것을 놓아 보낼 수 있는가?"

그리고 그냥 이 갈망을 놓아버릴 것을 결정하라.

여기 두 측면의 대칭 개념이 있다. 이것을 공부하면 이해가 깊어질 것이다.

문제들이 있다.	⟵⟶	문제들은 없다.
문제가 있다.	⟵⟶	모든 것은 완전하다.
이것은 나의 그림이다.	⟵⟶	이것은 신의 그림이다.
내가 행위자다.	⟵⟶	오직 신만이 행위자다.

이후 7페이지는 당신의 탐험을 돕기 위해 디자인되었다. 이번 주에 얻은 깨달음과 성과를 일기처럼 매일 적어보라. 다양한 연습과정을 기록하는 것도 좋다.

문제는 무엇인가? 해결책은 어떻게 찾는가?

첫째 날

_____

_____

_____

_____

_____

_____

_____

_____

_____

_____

_____

_____

_____

_____

_____

둘째 날

셋째 날

넷째 날

다섯째 날

여섯째 날

일곱째 날

정신적 성장은
어떻게 이루어지는가?

Spiritual Growth

단 하나의 성장이 있다면,
그것은 에고를 제거하는 것이다.
– 레스터 레븐슨

이번 장은 여러 강연에서 레스터가 했던 핵심적인 메시지들을 추려놓았다. 한 번에 하나씩 숙고하며 읽어보기 바란다. 하나를 읽고 다음 것으로 넘어가기 전에, 거기서 얻을 수 있는 최고의 이득을 얻도록 충분한 시간을 갖도록 하라.

- 이 길을 가는 데 있어 모든 주제는 에고를 놓아버리는 것이다. 그러면 남는 것은 진자아Self다.

- 단 하나의 성장이 있다면 그것은 에고를 제거하는 것이다.

- 에고는 "나는 개인이고, 전체로부터 분리되어 있다."는 인지다. 그것이 극단에 이르면 그것이 에고이즘이다.

- 수행에 있어 성장이라고 하는 것은, 에고 이외에는 아무것도 아닌 습관적 자신을 초월하는 것이다.

- 성장이란 에고가 그것의 비극으로부터 벗어나는 것이다.

- 진정한 즐거움이란, 사실상, 오직 진자아 이외에는 없음을 인식하라.

- 자신의 진자아를 경험하는 것 이외에 행복이란 없다. 당신이 그것을 볼 때, 바로 거기가 정확한 길이다. 당신은 무지개 쫓기를 멈춘다. 그러고 나서 이제 그것이 어디 있는지 아는 — 거기 당신의 내면 — 그 행복을 찾아간다.

- 당신이 찾고 있는 모든 것은, 이미 당신이다. 그런데도 당신은 "나는 아니야."라고 바보같이 말한다. 이것이야말로 이상한 것이 아닌가? 세상 모든 사람이 그렇게 열심히 찾는다. 자신이 가진 그것을, 생각보다 많이 가진 그것을.

- 바로 당신이다. 당신이 '나'라고 말할 때 그것은 무한한 존재다. 아, 얼마나 우스운 농담인가! 여기 당신이 있다. 무한한 존재. 그런데 당신은 당신 자신인 진자아를 찾고 있다!

- 어떤 사람이 '그는 마스터가 아니다.'라고 말할 때, 그는 거짓말을 하고 있는 것이다.

- 당신의 노력은 적절한 동일시를 향한 것이어야 한다. 진자아와의 동일시!

- 정신적으로 앞서고 있다는 것은, 당신이 얼마나 자신을 진자아와 동일시하고 있는가에 따라 결정된다.

- 에고는 매우 교활하다. 에고는 종종 잠깐, 때로는 좀 긴 시간을 요구하며, 이 길에서 나가보자고 한다. 그러나 일단 우리가 길에서 빗겨나간 후에는, 우리는 거의 대부분 에고에게 돌아간다. 그러므로 당신은 당신의 일부인 그 교활한 에고를 매우 조심해야 한다. 그것은 정말로 우리를 멀리

데려갈 수 있다. 우리가 아주 높은 경지에[28] 있다 할지라도, 에고는 우리를 길에서 떼어놓을 수 있는, 여전히 위험한 친구다. 때로는 그것이 한평생이 될 수도 있다.

- 이것은 우리가 경계해야 할 그런 것이다. 에고는 "내가 신이다."라면서 물고 놓지 않는다. 그렇게 성장을 묶어 놓고 있다. 그리고 그것을 좋아한다. 그러면서 말한다. "내가 그것이야." 이런 짓을 하며, 에고는 더 큰 발전을 파괴한다.

- 당신이 무엇이 에고의 반대인지 알면, 당신은 그것을 놓아버릴 수 있다. 연습이 된 후에는 그것이 쉽다. 그렇게 에고를 충분히 놓아버린 후에 당신은 자연스럽게 진자아의 평화와 기쁨을 느낀다.

- 그것은 실제로, 당신의 자연스럽고 무한한 존재의 상태가 점점 더 많이 드러나는 그런 길이다. 한계를 버려라. 비참

---

28 불교에서는 마지막 완전한 깨달음의 경지인 아라한만이 수행이 필요 없는 단계이고, 그 전까지는 모두 수행이 필요한 상태라고 말한다. 그 말은 다시 말하면 언제라도 방심하면, 남아 있는 에고의 영향권에 들어갈 수 있다는 말이다.

함을 버려라. 그러나 가치 있는 어떤 것도 버리지 마라. 그 어떤 좋은 것도 결코 버리지 마라.

- 이 길을 가면서 당신은 문젯거리를 지속적으로 포기한다.

- 첫 번째 스승은 비참함이다. 우리로 하여금 탈출구를 찾게 하는 첫 번째 원인제공자인 그것이다.

- 처음에, 우리는 비참함에서 탈출하기 위해 길을 찾아다니며 시작한다. 그러면서 우리는 진자아를 맛보게 되고 그것을 원하게 된다. 그것의 맛이 너무 좋아서.

- 길을 가며 당신은 결코 어떤 것도 포기하지 않는다[29]. 당신은 당신이 정말로 원했던 그것을 더욱더 많이 가지게 된다. 당신이 전체를 가질 때까지.

- 그 안에 있는 달콤함을 가져라. 그것에 속할 수 없는 쓴맛에서 벗어나는 것이 아니다.

---

29 일반적으로 불교에서는 모든 것을 버리라고 한다고 알고 있는데, 사실은 고통의 원인, 즉 에고적 갈망을 버리라는 것이지 무조건 다 버리라는 것이 아니다. 결과는 고통 없음, 니르바나다.

- 우리는 정신적 수행길에서, 우리 스스로 부여한 족쇄들과 비참함들 이외에는, 다른 어떤 것도 결코 포기하지 않는다는 것을 발견한다.

- 만일 당신이 이 길을 가는 데 나약하다면, 당신은 감각적 쾌락의 세계로 강하게 향하고 있는 것이다.

- 당신은 할 수 없다고 생각한다. 그래서 당신이 할 수 없는 것이다. 그것은 오직 생각일 뿐이다. "나는 할 수 없어."라고 말하는 그것이 그 일을 할 수 없게 하는 것이다.

- 할 수 없다고 하는 사람들은 진정으로 하기를 원하지 않는 사람이다.

- 우리의 성장은 오직 우리에게 달려 있다.

- 우리가 성장을 도모하는 그 속도로, 성장이 우리에게 일어날 것이다.

- 당신을 바꿀 수 있는 단 한 사람은 바로 당신이다.

- 바라기만 하는 것, 노력하기만 하는 것은 일어나지 않는다. 당신이 그것이 되어야 한다.

- 좋은 의도가 올바른 행동을 대신하지는 못한다.

- 좀 더 빠르게 변화하고 싶다면, 기대를 부추겨라.

- 변화를 원하는 강한 갈망을 가져야만 한다. 당신은 물에 빠진 사람이 공기를 원하는 것만큼이나 절절하게 이 세속 세상을 원하는 그런 습성의 당사자이기 때문에, 그것을 상쇄하기 위해 물에 빠진 사람이 공기를 원하는 것만큼 절박하게 당신의 진자아 알기를 원해야만 한다.

- 당신의 성공은 그것을 향한 당신의 갈망에 달려 있다. 만일 당신이 단념한다면 그것은 당신이 진정으로 흥미가 없기 때문이다.

- 우리의 진정한 친구는 우리다. 우리의 진정한 원수는 우리다. 우리가 우리의 진자아를 한정 짓는 그만큼, 우리는 우리의 원수다. 우리 자신의 한계를 제거하는 그만큼, 우리

는 우리의 친구다.

- 당신은 당신 자신에게 무엇을 하는가, 당신의 상황은 당신 자신의 행위가 만든 것. 오직 당신만이 원상태로 돌릴 수 있다. 당신이 했다. 당신이 그것을 원상태로 돌려야만 한다.

- 길道 전체가 '너-스스로-하기do-it-yourself'의 길이다.

- 당신의 환경이 허락하는 그것을 하라. 최선을 다해서.

- 모든 경험은 당신을 축복하기 위한 것이다, 상처 주기 위한 것이 아니다. 만일 당신이 원리, 원칙과 함께한다면 당신은 점점 더 높이 솟아오를 것이다.

- 삶에 있어서 모든 장소와 모든 상황은 성장의 기회를 제공하고 있다.

- 성장을 위한 최고의 장소는, 당신이 있는 바로 그 자리. 최고의 시간은 지금!

- 성장을 위한 기회들에 감사하라.

- 이 모든 것들 중에 가장 큰 테스트는 당신의 가장 가까운 사람들이 사는 집이다. 그러므로 집은 당신이 성장을 이룰 최고의 장소다.

- 많은 정신적 사랑은 당신의 배우자와 가족에 대한 이타적인 사랑을 훈련함으로써 얻어진다.

- 사람들이 당신에 대해 이러쿵저러쿵 반대할 때가 당신이 성장할 수 있는 좋은 기회다. 그것은 당신이 진짜 사랑을 수행할 기회를 준다. 이것은 진짜 평화를 수행할 기회를 준다. 단순히 그들이 자신들의 입을 가지고 소리를 만드는 것 때문에 기분 나빠할 아무런 이유가 없다. 반대는 매우 건강한 것이다. 그것은 성장을 자극하고 확립시켜준다.

- 모든 사람들이 우리의 스승이 될 수 있다는 것을 기억해야 한다. 우리가 칭송 또는 칭송의 말 따위에 반응한다면 그것은 에고를 발달시키는 것이다. 만일 우리가 비난에 좌절한다면 그것도 에고다. 우리가 우리의 진자아일 때 거기

에는 반응이 없다.

- 우리에게 일어나는 어떤 일도 교훈을 얻을 수 없는 일은 없다. 스승으로 삼을 수 없는 그런 사건은 없다.

- 매일 매 순간은 성장을 위해 사용되어야만 할 것이다.

- 만일 우리가 거기 없는데 거기 있는 것처럼 행동한다면, 환경은 곧 우리가 거기 없다는 사실을 알려주는 상황을 불러온다.

- 만일 당신이 사람들에게 당신의 높은 경험들, 당신의 성취들을 이야기한다면, 그들은 질투하며 이렇게 말할지도 모른다. "도대체 저 사람은 자기가 누구라고 생각하는 거야?" 그리고 그들은 당신을 아래로 끌어내리려고 하고 반대할 것이다.

- 당신이 어떤 것을 자랑할 때마다, 당신은 그것에 대한 시험을 초대하고 있는 것이다. 경고하는데, 만일 수행 중 어떤 향상 속에 있다면 그런 일들이 일어나기 시작할 때

— 당신이 그것을 잃지 않을 거라는 확신이 들지 않는 한 —
누구에게도 이야기하지 않는 것이 좋다.

- 당신의 정신적 성취에 대해 당당하라. 그것과 함께 행복하
라. 그것에 대해 당신 자신에 대한 긍지를 지녀라.

- 우리가 가짜로 정신적 긍지를 가지게 되면, 우리는 자랑
하는 그것에 대한 도전을 불러들인다. 그러면 거기서 발생
되는 의심을 없앨 필요가 있다.

- 믿음보다 더한 것이 필요하다. 앎이다. 당신은 믿음으로
시작한다. 그러나 그것을 앎으로 바꾸어야 한다. 당신은
그것을 실제로 시험해보아야 하고 그러면 비로소 그것을
안다.

- 진정으로 이해하기 위해서는 우리가 그 앎을 경험해야만
한다. 당신이 그것을 경험할 때, 그것은 이미 지적인 영역
이 아니다. 단어로 표현할 수 없는 그런 이해가 일어난다.

- 우리가 성숙을 말하면 그것은 오직 정신적 이해 차원이다.

- 우뚝 솟아라. 그리고 좀 다르게 행동하라. 그럼으로써 다른 사람들이 당신을 속여 당신이 있었던 그곳으로 데려가지 못하도록 하라. 그것은 쉽지 않다. 불굴의 의지가 필요하다.

- 우리는 끝까지 가도록 노력해야만 할 것이다. 그것은 이미 우리에게 주어진 것이다. 우리는 고향에 돌아갈 수 있는 가능성을 보유하고 있다. 절대적 상태인 거기로.

- 다함이 없는 무한을 기대하라. 기대란 아무리 많이 해도 지나치지 않다.

- 목적을 향한 책무를 다 하라. 우리가 책무를 더 잘 이행할수록 우리는 더 빨리 목적지에 도달한다.

- 이 길을 가며 얻는 모든 것은 영원히 얻는 것이다. 당신이 지금 앞으로 내딛는 모든 발걸음은 영원하다.

- 우리는 사다리를 오른다. 한 계단씩 오를 때마다 아래 계단은 잊어버린다. 그리고 꼭대기에 오르면 사다리를 차버

린다.

- 여기서 다루고 있는 주제들은 당신이 얻는 결과들로 증명될 것이다.

- 당신이 성장할수록 당신은 더 성장할 필요를 적게 느낀다.

- 더 높이 오를수록, 더 나아가고자 하는 자극이 적어진다.

- 반증으로는 어떤 것도 배우지 못한다. 오직 입증에 의해 배울 뿐이다.

- 환영을 공부하다 보면 그것이 진짜가 돼버린다. 당신이 진리를 알고자 하면 그 반대를 공부하지 마라.

- 향상이라고 할 수 있는 모든 과정은 바로 생각들을 놓아버리는 것이다. 우리의 생각들이 완전히 제거되었을 때, 거기 아무것도 남지 않는다. 오직 진자아 이외에는.

- 그것을 복잡하게 만들지 마라. 그것은 아주 단순한 것이다.

- 우리는 에고에서 벗어나 우리를 확장할 수 있다. 진자아가 그것이다.

- 당신이 아닌 것을 놓아버리는 것이 성장이다.

- 에고를 놓아버리고 진자아가 되라.

- 당신이 성장함에 따라 온 세상이 당신에게 열린다. 당신은 더욱 많은 것을 경험한다. 당신이 이 모든 세상을 가진다 할지라도 그것은 사실 점 하나에 불과하다. 전 우주를 가져라.

- 자유를 향한 갈망이 열쇠다. 당신이 일단 그것을 가지면 그것이 길로 데려다줄 것이다.

- 자유 또는 깨달음을 얻고자 하는 갈망에 있을 때, 우리가 도움 받을 수 있는 정도는 우리가 다른 사람을 도운 바로 그만큼이다.

- 당신의 모든 관심이 당신을 떠나 타인에게 향하는 그 지점

까지 성장하라.

• 왜, 우리 모두 마스터가 아니겠는가? 지금 여기 있는, 우리 모두.

• 진자아가 되기를 정말로 결정하면 그렇게 된다.

• 더 높이 올라갈수록 점점 더 '다르지 않음'이 나타난다. 당신은 모든 종교 지도자들을 똑같이 받아들일 수 있다.

• 최적의 조건들 속에서만 평화를 느낄 수 있다면, 그것은 정신적 성장을 표시하는 것이 아니다. 그것은 도피다.

• 사람들이 성장하고 있지 않을 때, 그들은 그 반대 방향으로 가고 있는 것이다.

• 당신은 당신에게 반대하는 사람들에게 감사해야 한다. 왜냐하면 그들은 당신에게 성장을 위한 특별한 기회를 제공하기 때문이다.

- 우리가, 남들이 무엇을 하고 있는지 그쪽으로 관심을 기울이기 시작할 때, 우리는 우리가 하고 있는 것을 놓고 그쪽을 보게 된다.

- 그것이 더 이상 필요 없을 때까지, 당신은 지속적인 확인이 필요하다.

- 꾸준함이 필요하다.

- 역경은 성장을 위한 자극이다.

- 이 세상에 비극이 더 심화될수록, 우리는 성장할 기회를 더 많이 가지게 된다.

- 만일 사람들이 지속적이고 강한 노력으로 "나는 누구인가?"라고 묻는다면 그 답은 아주 빨리 얻을 것이다.

- 당신이 그것에 대한 대답을 얻을 때, 당신은 당신의 몸과 마음을 조절할 수 있다.

- 만일 당신 주변에 당신이 좋아하지 않는 어떤 것이 있다면, 당신 자신을 바꾸어야 할 필요가 있다.

- 당신은 당신이 누구인지 완전히 볼 수도 있다. 그렇지만 이내 그것을 유지하는 것이 불가능하다는 것을 발견할 것이다. 무슨 일이 일어났냐면, 무한한 진자아가 된 것이다. 우리는 무한이라는 것을 살짝 엿보았고, 잠시 그것을 붙잡는다. 그러다가 갑자기 그것을 잃은 것처럼 느낄 것이다. 그 이유는 마음이 제거되지 않았기 때문이다. 한계에 갇힌 잠재의식적 생각들이 잠시 가라앉았을 때, 당신은 당신의 진자아 속으로 완전히 갈 수 있을 것이고 또한 마음을 일시적으로 놓아버릴 수 있다. 그러나 당신은 마음을 완전히 제거하지는 않았다. 단순히 일시적으로 그것을 놓아버린 것이다.

  그러므로 잠시 동안 총체적 무한의 진자아, 그것이 된다. 그러나 가라앉았던 마음이 다시 일어나고 그것은 에고가 되어 덮쳐지면서, 당신은 이제 당신 자신에게 무슨 일이 일어났는지를 모른다. 무엇이 당신을 다시 이 무거운 세상에 되돌려 놓았는지 모른다.

  진자아의 상태가 흔들림 없을 때까지 자꾸, 자꾸, 다시 확립해야 한다. 그렇게 할 때마다, 우리는 마음을 더 태워 없애고, 마음 전체를 다 태울 때까지 그렇게 하면서 결국 흔들림 없는 진자아를 확립한다. 그러면 당신은 여유롭게 앉아서, 마음도 저기 밖에 있고, 몸도 저기 밖에 있다. 당신은 이제 몸도 아니고 마음도 아니다. 당신 자신이 몸도 마음도 아니라는 것을 아는 한, 그 둘 다가 저희들 하고 싶은 대로 마음껏 다녀도, 이제는 그들이 당신을 건드리지 못한다는 것을 안다.

셋째 주의 수행을 위한 제안

당신은 무엇을 소원하는가? 새 차, 경제적 안정, 완전한 인간관계 또는 단순히 고통에서 벗어나기를 소원하는가? 당신의 소원 목록을 작성하라. 그러면 당신은 어떤 것이 가장 첫 번째 순위인지 보게 될 것이다. 만일 세상을 향한 소원들이 있다면 그것을 존중하도록 하고 그것을 이루라. 그것을 이루든지, 아니면 이루었다 해도 그것을 놓아버려라.

만일 당신이 정말로 갈망하는 것을 부정하면, 그것이 당신을 가진다. 그것은 당신의 의식 속에 막혀 있는 부분으로 남아서 당신을 지속적으로 그곳으로 불러들일 것이다. 그러나 당신이 그것을 자각하고 인정하면, 그것을 의식표면으로 드러내거나 아니면 아예 놓아버릴 수 있게 된다. 어느 쪽이든 당신은 당신의 성장과 인생의 주도권을 갖게 된다.

우리가 이 길에서 향상을 보기 시작하면, 자유란 우리를 위해 어디에 있는 것이 아니라 우리로부터 나오는 것임을 알게 된다. 내가 여기서 언급하는 '우리'는, 우리가 언제나 그랬던 무한하고 진정한 우리가 아니라, 정확하게 제한된 우리다.

우리가 어느 지점에서 성장하면서 그것을 에고적 자랑으로 여기거나 집착하면, 거기가 바로 당신의 고착지점이 된다. 당신이 아닌, 자유로운 당신 — 에고가 빠진 당신의 비인격의 그힘, 그 길을 아는 그 힘이 당신의 안내자가 되도록 하라. — 이 신용을 얻도록 하라. 개인 신용을 덜 취할수록 더 많은 신용이 생긴다.

덧붙여, 당신이 이 수행의 길에서 뭔가 얻었다고 생각한다면, 그것은 이미 다 과거다. 그러므로 만일 당신이 무엇을 얻었다고 주장한다면 그때 당신은 과거로 떨어지는 것이고, 당신은 그 순간 진짜 성장이 일어날 유일한 장소를 놓치고 있는 것이다. 바로 지금 여기 말이다.

당신의 욕망 목록을 만들어라. 그리고 당신이 할 수 있는 만큼 칼날같이 정직하라. 각각의 항목들을 훑어보고 자신에게 물어보라.

"이 갈망을 자유를 위한 갈망으로 바꿀 것을 나에게 허용할 수 있는가?"

만일 당신이 그렇게 허용할 수 있다면 내면에서 자연스레 일어나도록 하라. 그리고 그러한 내적 변화만으로도 자연스레 일어나는 그 자유를 알아차려라.

갈망을 놓아버리고자 하는 당신을 돕기 위해 당신은 아래와 같은 질문을 사용할 수 있다.

"이 갈망을 가지는 것이 나은가, 아니면 자유로운 쪽이 나은가?"

만일 당신이 갈망을 바꿀 수 없거나 놓아버릴 수 없다면, 목표로 설정하고 최선을 다해 그것을 성취할 것을 당신 자신에게 허락하라.

갈망을 놓는 세 번째 방법은, 지금 당신이 처한 상황을 변화시키고 싶은 그 원함을 놓아버릴 것을 허용하라. 그리고 최선을 다해서 지금 '있는 그대로'를 받아들여라. 이렇게 자신에게 질문할 수도 있다.

"나는 이것을 변화시키고자 하는 원함을 놓아버리고 있는 그대로를 허용할 수 있나?"

당신이 '있는 그대로'를 더 많이 받아들일수록, 당신이 인정하기를 기다리면서 언제나 여기 있었던 그 자유, 그렇게 당신에게 늘 가능했던 더 많은 자유를 발견할 것이다.

당신은 갈망을 놓아버리는 3가지 방법에 동의할지도 모른다. 아니면 하나나 둘에만 동의할 수도 있다. 이 3가지 방법 모두를 경험할 수 있도록 당신 자신을 허용하라. 당신과 가장 동조가 잘되는 하나를 찾아내고 이번 주에는 그것에 집중하라.

당신이 어떤 갈망을 성취했을 때라도, 그 행복이 영원한지 흘러가는 것인지 알아차려라. 당신은 이 새 장난감으로 며칠이나 행복한가? 이것은 당신의 모든 갈망을, 자유를 향한 갈망, 진정으로 지속되는 원천, 흔들림 없는 행복으로 전환시키기를 시작하는 데 도움을 줄 것이다.

당신은 또한 당신의 '정신적' 성취들과 경험들의 목록을 만들 수 있다. 그리고 당신이 할 수 있는 만큼 최선을 다해 그것들을 놓아버릴 것을 허락하라. 당신이 과거 경험들과 성취들을 더 많이 놓아버릴수록, 지금 그리고 늘 누릴 수 있는, 절대적 자유라는 파이 전부를 가지도록 자신을 더 많이 열 수 있다.

다음 페이지의 대칭 개념들은 이번 주 수행에 대해 당신의 이해를 도와줄 것이다.

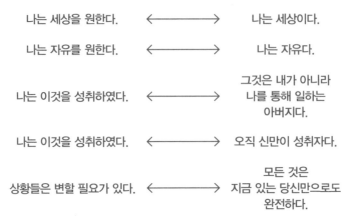

나는 세상을 원한다.　　⟵⟶　　나는 세상이다.

나는 자유를 원한다.　　⟵⟶　　나는 자유다.

나는 이것을 성취하였다.　⟵⟶　그것은 내가 아니라
　　　　　　　　　　　　　나를 통해 일하는
　　　　　　　　　　　　　아버지다.

나는 이것을 성취하였다.　⟵⟶　오직 신만이 성취자다.

상황들은 변할 필요가 있다.　⟵⟶　모든 것은
　　　　　　　　　　　　　지금 있는 당신만으로도
　　　　　　　　　　　　　완전하다.

이후 7페이지는 당신의 탐험을 돕기 위해 디자인되었다. 이번 주에 얻은 깨달음과 성과를 일기처럼 매일 적어보라. 다양한 연습과정을 기록하는 것도 좋다.

정신적 성장은 어떻게 이루어지는가?

첫째 날

둘째 날

셋째 날

넷째 날

다섯째 날

여섯째 날

일곱째 날

행복은 어디에 있는가?

Happiness

어떤 이들은 행복이 있는 곳에서 행복을 찾아,
그 결과로 더 행복해진다.
그런데 어떤 이들은 행복이 없는 곳에서
맹목적으로 행복을 찾다가 더욱더 좌절한다.
— 레스터 레븐슨

모두가 흥미를 가지는 주제로 시작해보겠다. 내가 가장 좋아하는 말, 바로 '행복'이다. 모든 사람들이 좇고 찾아다니는 것, 그것 역시 결국 행복이다. 그렇지 않은가? 그리고 당신이 신, 당신의 진자아를 찾았을 때, 그것은 궁극의 행복으로 드러난다.

우리가 완전한 진리를 좇고 발견할 때, 절대적 진리는 다시 궁극의 행복으로 드러난다. 우리 모두는 우리 자신을 위해 최고로 좋은 것을 찾아다닌다. 궁극의 선은 궁극의 행복으로 드러난다. 모든 존재가 자유를 찾고, 완전한 자유와 해방은 궁극의 행복 이외에는 아무것도 아니다.

결국 신God, 선good, 진리truth, 해방, 자유 그리고 진자아….

이런 말들은 모두 궁극의 행복으로 드러나고, 거의 모든 사람들이 이런 것들을 찾아다닌다. 그런데 이 사람들과 우리 사이에 다른 점은, 우리는 그것이 있는 그쪽 방향에서 그것을 의식적으로 찾는다는 것이다. 다른 이들은 세상에서 맹목적으로 그 행복을 찾고 있지만, 결코 그들은 몸부림치며 찾고자 하는 그 완전한 행복을 얻지 못한다. 우리는 그것이 있는 곳, 즉 내면에서 그것을 찾는다.

행복을 느낄 수 있는 단 하나의 장소

모두가 지속적이고, 여전한, 어떤 형태의 슬픔도 없는 영원한 행복을 원한다. 그리고 그것을 찾을 때까지 어느 누구도 만족할 수 없다. 우리가 찾고 있는 그것을 다른 모든 사람들도 찾고 있다. 가장 큰 차이점은, 우리는 그것을 내면에서 찾고 결국 성공적으로 더 행복해지는 반면, 그들은 그것을 세상에서 찾고 결국 좌절할 뿐이다.

내면으로 들어갈 때, 우리는 모든 행복이 거기 있다는 것을 발견한다. 우리가 행복을 느낄 수 있는 단 하나의 장소는 바로 우리의 내면뿐이다. 그곳이 바로 행복이 있는 정확한 곳이다. 매번 우리는 이 행복을 밖에 있는 어떤 것에 ─ 사람에게 또는 외부의 어떤 것에 ─ 부여한다. 그리고 그것을 통해 기쁨을 얻기보다는 고통을 더 많이 당한다.

여기에 동의하지 않는 사람이 있는가? 만일 당신이 충분히 경험했다면, 만일 충분히 길게 살았다면, 그리고 만일 당신이 그것을 조사했다면 당신은 이것을 발견했을 것이다. 밖에 펼쳐진 저 세상에 있다고 생각하면 우리가 찾고 있는 그 행복은 거기에 없다. '슬픔 없는 행복'은 오직 내면으로 들어가야만 발견할 수 있다. 이것이 첫 번째 요점이다.

두 번째 요점은, 우리가 찾고 있는 이 위대한 행복은 바로 우리 자신의 진자아이며, 우리 자신의 존재성 이외에는 아무것도 아니라는 것이다. 우리가 찾고 있는 이것은 우리에게 기본적으로 내재한 본성이며, 그것은 지금 여기에 있는 우리의 것이다. 우리 자신이 바로 우리가 찾고 있는 그 행복인데, 그것을 밖에서 찾으니 결국 못 찾고 마는 것이다.

우리는 그것을 안에서 찾았고, 그것이 바로 우리가 '스스로 부여한' 한계에 얽매이지 않은, 우리 자신의 진자아임을 발견한다. 완전하고, 늘 여기 있는, 모든 즐거움이자, 영원하고 무한한 존재성과 직접적으로 만나지 않는 사람, 그것들을 소유하지 않은 사람은 여기 단 한 사람도 없다. 지금 당장 여기에서, 우리 중 그 존재성과 직접적인 접촉이 없는 사람은 단 한 사람도 없다.

그러나 수세기 동안, 한정된 개념들을 추정으로 잘못 배우면서 또 밖으로 찾아다니면서, 우리는 잘못된 견해에 뒤덮여버렸다. "나는 물질인 이 몸이다." 또는 "나는 이 마음이다." 또는 "이 물질의 몸과 마음으로 나는 정말 많은 문제와 고통에 뒤덮여 산다." 같은 개념들로, 우리는 우리 자신인 이 무한한 존재를 가려버렸다.

그러므로 우리 자체가 이 무한의 존재라는 바로 그 진리를 발견해내기 위해, 우리는 마음을 고요히 해야만 한다. 그리고 결국 마음을 다 놓아버려려 한다let go of the mind. 오직 이 방법으로만 우리는 그것을 성취할 수 있다.

마음은 모든 생각들의 총합 이외에 아무것도 아니다. 모든 생각들은 한정된 개념들이다. 만일 우리 중 누군가가 지금 당장 생각하기를 멈추고 그렇게 유지한다면, 그 사람은 바로 그 순간부터 무한의 존재다. 그것은 그렇게 간단하다. 그렇다고 해서 그것이 그렇게 쉬운 일은 아니지만 말이다.

첫 번째로 해야 할 일은, 우선 충분히 긍정적인 사고를 가지기 위해 부정적인 생각들을 되돌리는 일이다. 그러면 좀 더 정확한 방향으로 갈 수 있을 것이다. 더불어 모든 생각하기thinking를 놓아버린다. 부정적인 생각과 긍정적인 생각 모두. 그것이 일어났을 때, 우리는 우리가 앎의 영역, 모든 것을 아는 영역에 있음을 발견한다. 모든 것이 알려져 있기 때문에 우리는 생각이라는 것을 할 필요가 없다. 그러면서 우리는 모든 기쁨과 함께 총체적 자유가 된다. 모든 것을 아는 상태에서는 생각할 것이 없다.

생각하기란 그저 하나의 사물을 다른 하나에 연관 짓는 것, 사물을 그렇게 함께 연결하는 것이다. 모든 것을 알면서, 우리는 우리 모두의 단일성, 즉 우리가 모두 하나임을 안다. 그리고 거기에 생각에 의해 사물들을 연결 지을 필요는 없다. 그러므로 우리는 자유다. 분리와 한계로 만들어진 모든 개념에서의 자유. 이것은 우리가 이 외형적·물리적 세상과 교류하기를 원할 때는 마음, 즉 개념을 자유롭게 사용하며 세상과 살아가도록 해준다.

내면으로 들어가는 과정은 안쪽을 보면서 마음이 무엇인지를 발견하는 것이며, 마음은 단순히 생각들이라는 것, 또한 생각들은 한정된 수많은 개념들 외에는 아무것도 아님을 발견하는 것이다. 우리는 이러한 생각들을 놓아버리면서, 늘 우리였던 그 무한한 존재를 볼 수 있을 정도로 마음이 충분히 조용해질 때까지 마음을 고요히 해야 한다. 이것은 안개 — 무한의 존재를 가리고 있는 구름들 — 를 걷어내고 우리를 총체적 자유로 인도한다.

우리는 모든 존재성 또는 의식의 총합

우리가 처음, 우리 자체인 이 무한의 존재를 보았다고 해도, 아직 일이 다 끝난 것은 아니다. 거기에는 여전히 제거해야 할 습관적인 생각들이 많이 남아 있다. 거기 더 이상 남아 있는 무의식적 — 무의식적 생각들은 놓아버리기가 어렵다 — 혹은 의식적 생각들이 없을 때, 거기 더 이상의 생각들이 없을 때, 거기가 한계놀이의 도로가 끝나는 곳이다. 그러면 우리는 바로 전체적 자유가 된다. 영원히. 사실 우리에게는 선택의 여지가 없다. 우리는 무한한 존재들이다. 만일 거기서 어떤 선택이 있을 수 있다면, 그것은 한계를 선택하는 것밖에 없다! 우리는 그렇게 한계를 선택해왔고, 지금은 마치 그것이 우리의 본질인양 맹목적으로 그 극단적으로 제한된 존재로 살고 있다.

결과적으로, 모든 문제로 보이는 것들, 오직 껍데기일 뿐인 문제들과 직면한다. 왜냐하면 우리의 마음이 그것들을 진짜인양 투영하고 있기 때문이다. 우리가 이 세상에서 보는 모든 것은, 오직 우리의 마음속에서 보고 있는 것이다. 거기에는 우리의 의식 이외에는 아무것도 없다. 우리는 우리의 의식에 일어난 것만 인지할 수 있을 뿐, 의식에 비추어지지 않는 것은 인지할 수가 없다.

우리의 의식 속에서 우리가 무엇을 보더라도 그것은 우리 마음속의 것이다. 우리가 이것을 깨닫기 시작하면 비로소 우리는 우리의 의식을 바꾸기 위해 일한다. 그렇게 함으로써 우리는 물리적인 외부환경을 바꾼다. 그렇게 환경을 바꾸는 것이 수행 길에서 얻는 한 발자국 나아감이다. 그런 일 속에서 당신은 그것을 스스로 증명한다. 내가 무엇을 말하는지 알겠는가? 그저 들은 이야기만으로 무엇을 받아들여서는 안 된다.

당신이 들은 어떤 것도 믿지 마라. 당신이 내가 말한 것을 단지 들었다는 이유만으로 받아들인다면, 이것은 오직 풍문에 불과하다. 당신은 당신 자신을 통해 스스로 증명해야만 한다. 당신이 그렇게 할 때, 그것이 당신의 앎이다. 그리고 그것은 그때 비로소 사용가능한 것이 된다. 당신들 각자가 모두 스스로를 위해 이러한 것들을 증명해야 함은, 지혜와 행복으로 가는 향상의 길에 절대적으로 필요한 일이다.

위에서 말한 대로, 진리란 결코 세상 속에서는 발견되지 않는다. 우리가 지금 보고 있는 이 세상은 복합적이고 이중적이다. 우리가 세상 뒤로 가면 우리는 절대적 진리를 발견한다. 거기에는 세상과 우주를 관통하는 하나 됨이 있다. 그리고 이것은 우리가 신이라 부르는 그것, 우리 자신의 존재성, 바로 우리 자신의 진자아로 돌아 나온다.

세상은 사람들이 보는 그것이 아니다. 세상은 정말로 오직 우리 자신의 진자아일 뿐이다. "나는 ～이다."라고 말할 때 쓰는 '나'는 분리되고 나누어진 나로 잘못 표현되고 있는 그 '나'하고 정확하게 똑같은 것이다.

우리가 진리를 볼 때, 우리는 당신이 '나'라는 것을, 거기 오직 하나의 존재성만 있다는 것을, 거기 오직 하나의 식識, consciousness, 즉 아는 작용이 있다는 것을 본다. 우리가 진리를 볼 때 우리는 이전에는 분리된 것처럼 보였던, 우리가 그 모든 존재성 또는 의식의 총합이라는 것을 본다.

그래서 다시, 행복 또는 진리를 찾기 위해, 당신은 내면으로 들어가야만 한다. 당신은 하나임Oneness을 보아야만 한다. 당신은 이 우주를, 당신의 진자아이며 바로 당신의 의식 그 자체로, '있는 그대로' 보아야만 한다. 이것은 정말 표현하기가 어렵다. 이것은 경험되어져야만 하는 그런 것이다. 당신이 그것이 그렇다는 것을 경험했을 때만 당신은 그것을 안다. 그것은 누군가에게 들은 것만으로는 집어낼 수 없다. 책과 스승들은 오직 방향을 알려줄 뿐이다. 우리가 그것을 잡아야 한다. 그것이 구도의 길에서 일어나는 놀라운 일들 중 하나다. 거기 믿어야 할 것은 아무것도 없다. 모든 것은 받아들이기 전에 경험해야 하고, 개개인이 스스로 만족함으로 증명되어야 한다.

요약하자면, 나는 성경에서 두 가지를 인용할 수 있다. "나는 바로 나이다." 그리고 "고요하라. 그러면 나 자신이 신임을 안다." 다른 말로 하면, "당신은 당신이 찾는 바로 그것이다." 그것을 볼 때까지 마음을 고요히 하라. 자, 이제 사람들의 질문과 레스터의 답변을 보자.

레스터 레븐슨과의 대담

Q : 저는 이 방 안에 있는 우리 모두가 다름을 봅니다. 우리 각각은 그 형상을 가집니다. 저는 그것을 봅니다.

레스터 레븐슨 : 당신은 잘못 보고 있습니다. 그것은 오류입니다. 당신이 나를 볼 때, 당신은 진리를 보아야 합니다. 당신은 당신의 진자아를 보아야 할 것입니다. 노력하십시오. 당신이 이 진리를 보는 그날까지.

Q : 어떤 사람이 어느 정도의 내적 경험을 가진 후에 믿기 시작합니다. 어느 지점에서 자신을 발견함에 따라, 이제 그런 측면에서 자신이 무엇을 해야 하는지가 중요한 관점으로 다가옵니다. 그리고 이제 나머지 인생을 어떻게 보내야 할지 결심해

야 합니다.

레스터 레븐슨 : 맞습니다. 당신은 당신의 안녕을, 이 세속적인 세상에서 찾을 것인지, 아니면 당신의 내면에서 찾을 것인지 결정해야만 합니다.

Q : 누군가는 어느 정도의 경험을 했습니다. 그럼에도 그는 이 세속적인 세계로 돌아와 어느 정도의 접촉을 가져야만 하는 일들이 일어납니다.

레스터 레븐슨 : 이 세속의 세계를 당신 자신으로 만들지 않는 한 그렇게 됩니다. 그럼에도 불구하고 이 세상에 집착하지는 마십시오. 그러면 그것은 당신을 방해할 수 없습니다. 당신은 평정심으로 그 일들을 할 것입니다.

Q : 이 세속 세계를 저로 만들기 위해 저는 자신을 정화시켜야 한다고 생각합니다.

레스터 레븐슨 : 맞습니다. 세상에 대한 헌신이 당신을 정화시킬 것입니다.

Q : 저는 대부분 밖으로 나가야만 할 것 같고, 그리고 어떤 봉사를 함으로써 내 안에 남아 있는 어떤 것들을 희생해야만 할

것 같습니다.

레스터 레븐슨 : 당신이 이 길을 가는 데 있어 희생해야 할 것은 단 하나, 당신의 비참함입니다. 봉사하는 것은, 당신이 얼마나 진지하게 하는가에 따라, 오직 행복을 줄 것입니다. 당신이 세상에 더 진지하게 봉사할수록, 당신은 당신이 모든 것, 모든 존재와 연결되어 있음을 더 많이 발견할 것입니다. 거기 고립은 없습니다. 모두에게 헌신하고 당신 자신이 그 모두가 되는 것, 이것이 우리의 수행의 방향이 되어야 합니다. 당신은 다른 이를 자르지 말고, 다른 이들이 당신을 분리하게 하지 마십시오. 누군가에게 진심으로 봉사할 때, 그때 당신은 그들이 됩니다.

Q : 이 가르침에서 제가 노력하려고 하는 유일한 이유는, 다른 사람을 더 잘 도울 수 있기 때문입니다.

레스터 레븐슨 : 좋습니다. 그러나 당신은 당신이 자신을 도운 것보다 더 많이 다른 사람을 도울 수 없습니다. 그러므로 당신이 다른 사람을 더 잘 돕는 최상의 길은 자기 자신을 돕는 것입니다. 그것은 사실상 자동적으로 일어납니다. 당신이 자신을 도운 그만큼만 다른 사람을 도울 수 있기 때문입니다. 그러니 둘 다 하십시오.

Q : 다른 이를 돕는 것으로 자신을 돕는다? 이것은 쌍방향의 행동입니까?

레스터 레븐슨 : 맞습니다. 그럼에도 불구하고 동기가 그것을 결정합니다. 만일 내가 이기적인 동기로 당신을 돕는다면, 그것은 당신은 물론이고 나도 돕지 못합니다. 내가 당신을 돕는다는 목적만으로 돕는다면 나도 성장합니다. 그러나 세상에는 자신들의 에고를 찬미하기 위해 다른 사람을 돕는 사람들이 많습니다. 그것은 그들에게 별 도움이 되지 못합니다. 당신을 돕지도 못합니다. 왜냐하면 그들은 당신의 에고 성향, 즉 당신의 에고를 확인해줄 뿐입니다.

Q : 매우 예민한 문제입니다. 그 에고는 정말 벗어나기 어렵습니다.

레스터 레븐슨 : 맞습니다. 에고가 더 이상 없을 때, 바로 당신 자체인 무한한 존재만 남습니다. 에고는 모든 것으로부터 분리되어 있다는 인식입니다. 나는 개별존재 레스터라는 것. 그리고 나는 모든 것으로부터 분리되어 있습니다. 나를 뺀 저 모든 사람들. 이것이 바로 에고, 분리의 느낌입니다. 내가 모든 것이 아니라고 하는 순간, 나는 무엇인가가 부족해집니다. 그리고 그것을 채우려고 애씁니다.

나는 모든 것에서 놓친 부분들이 필요하다고 생각합니다. 그리고 그것을 찾아내려는 노력을 쏟아붓기 시작합니다.

여기서 나는 모든 것을 가지지 않았다고 전제하고, 한정 짓습니다. 이것은 아래쪽으로 떨어지는 나선형 곡선을 그리며 나아갑니다. 그리고 이것은 우리가 어디에 있는지 알 때까지 계속됩니다.

그럼에도 불구하고, 지금 우리는 모두 향상일로에 있습니다. 내가 모든 것으로부터 분리된 개인이라고 인지하고 있는, 그 에고를 제거하는 것이 가장 큰일입니다. 우리는 우리의 행동들의 동기를 봄으로써 이 에고 제거 작업을 할 수 있습니다. 우리의 동기가 이기적일 때, 우리는 그것을 변화시켜야 합니다. 그것을 이타적으로 만드십시오. 이 길을 가는 데 있어 자신을 위해 행동할 때보다 타인을 위해 행동할 때 우리는 성장합니다.

Q : 성장이란 지속적인 알아차림입니까?

레스터 레븐슨 : 그렇습니다. 첫째로 그것을 원해야만 합니다. 그것을 원할 때, 당신은 당신의 생각하기에 대해 알아차립니다. 그러면 당신은 '잘 존재하기'이면서 평화의 시절로 대변되는 '생각 없음'에 대해 알아차리게 됩니다.

Q : 발견하려고 해야 발견되는 것 같습니다. 예를 들어, 왜 우리가 사물을 느끼는가, 또는 우리는 왜 아픈가, 지난 2년간의 나의 질병들처럼 말이죠.

레스터, 그것은 정말 놀라운 일이었어요. 오늘 아침 나는 나의 누이와 전화하고 있었어요. 그녀에게 말한 후에, 나는 계속 생각했습니다. "왜? 왜? 왜?" 그리고 나는 차분해지려고 노력했어요. 내가 할 수 있는 만큼 차분해지도록 말이죠. 정말 갑작스런 일이었지요. 그리고 왜 내가 그렇게 나에게 부정적이었는지 굉장히 명백하게 깨달았습니다. 그러고 나서 나는 매우 강하게 당신을 생각했어요. 그리고 생각했습니다. "음, 이것이 아마도 레스터가 말한 그것일 거야." 그것은 이유를 발견하는 것입니다. 그리고 그것을 보았을 때, 그러면 우리는 즉각적으로 뭔가 긍정으로 돌아섭니다. 그러면 그 사람은 그것으로부터 놓여납니다.

레스터 레븐슨 : 맞습니다. 매우 좋습니다. 더 이상 아무것도 없을 때까지 그것을 지속하십시오.

Q : 그것이 바로 당신이 늘 말하던 무의식을 의식권으로 올리고, 그리고 그것을 놓아버리라는 것을 의미하는 것입니까?

레스터 레븐슨 : 맞습니다. 무의식의 생각을 의식권으로 끌어올

리십시오. 그것이 거기 있을 때 당신은 그것을 볼 것이고, 그러면 그것은 자연적으로 놓아집니다. 그것은 부정적인 것이기 때문입니다. 그러나 그것이 무의식에 남아 있는 한 당신은 그것을 보지 못합니다. 그리고 그것에 관해 어떤 것도 할 수 없습니다. 그렇지 않습니까?

Q : 그것이 시작될 때 실로 엄청난 일들이 벌어지죠. 와우! 정말 쉽지는 않아요.

레스터 레븐슨 : 에고적입니다. 당신은 그것이 올라오는 것을 좋아하지 않습니다. 그러면서 그것과 싸우려고 합니다.

에고를 놓아버리는 방법

Q : 자, 우리는 안정을 유지하며 잘 지냅니다. 그러다가 개인적 인간관계 또는 다른 쪽에서 덜거덕거리며 무엇인가가 발생하기 시작합니다. 갑작스레 심각한 통증을 느끼고 그러면서 우리는, 우리가 통증을 느끼는 그때 그것이 우리의 한계가 드러나고 있는 것이라고 깨닫습니다. 그리고 우리는 돌아가 그것을 보고 우리 자신을 그 전체적 상황에서 놓아줍니다.

레스터 레븐슨 : 맞습니다. 무엇이 일어나고 있는지, 당신 자신의 행동패턴을 관찰함으로써 모든 상황을 성장으로 사용할 수 있

습니다. 늘 이것을 하십시오. 더 이상 놓아버릴 것이 없을 때까지, 거기 더 이상의 에고가 없을 때까지.

Q : 예를 들자면, 창조적인 일도 그 안에 에고를 품고 있습니다. 그것은 굉장히 예민합니다. 누군가가 더 정신적일수록 그 사람은 그림을 더 잘 그릴 수 있습니다. 또는 음악을 더 잘할 수 있고, 다른 어떤 것에서도 그렇습니다. 이것이 늘 나를 힘들게 하고 걱정하게 하는 그 지점입니다. 그 안에 있는 '에고 연루성' 말입니다. 말하자면, 이것을 어떻게 전할 수 있을까, 어떻게 상업화시킬까, 어떻게 팔 수 있을까가 궁금합니다.

레스터 레븐슨 : 답은 간단합니다. 그것을 상업화하십시오. 그러나 이 창조성에 집착하지는 마십시오.

Q : 어렵습니다. 에고는 "내가 창조자다."라고 말합니다.

레스터 레븐슨 : 당신이 무엇을 하든 상관없습니다. 단지 그것에 집착하지 마십시오. "내가 창조자다."라는 감각만 놓아버리십시오. 창조성이 당신을 통해 흐르게 하십시오.

Q : 거의 모든 창조적 행위 속에는 정신적 부분이 분명히 있고, 그것의 뿌리는 기본적으로 순수한 동기에 있습니다. 그러

나 이것은 거의, 언제나, 에고와 섞여 있다고 저는 생각합니다.

레스터 레븐슨 : 스스로 이 문제를 정리해보십시오. 당신이 하는 일은 모두가 다 창조적입니다. 창조적이지 않은 일을 하는 것은 불가능합니다. 마음은 사실상 늘 창조만 하기 때문입니다. 그러나 우리가 좋아하지 않는 것을 창조했을 때, 우리는 이것을 '비창조적' 혹은 '파괴적'이라고 부릅니다. 우리가 좋아하는 것을 창조할 때 우리는 이것을 창조적 또는 건설적이라고 합니다. 그러나 마음은 오직 창조만 합니다. 모든 사람은 창조자입니다. 우리가 마음에 붙들고 있는 그것을 우리는 창조합니다.

Q : 그러니까 우리의 모든 에고는 우리의 창조물이군요?

레스터 레븐슨 : 그렇습니다. 그러니까 건설적인 것들을 창조하는 것이 낫지 않겠습니까? 아름다움, 건강 그리고 풍성함 같은 것들을 창조하십시오. 그런 것들은 병든 몸이나 텅 빈 지갑처럼 그렇게 많은 관심을 요구하지는 않습니다. 결과적으로 우리는 우리의 진자아를 발견하기 위한, 또 진리의 방향을 보기 위한, 그런 편안한 시간을 더 많이 가질 수 있습니다.

Q : 가끔, 저는 생각합니다. 우리가 에고에 대해 너무 많이 생각하고 그것이 오히려 에고를 강화시키고, 그러면 그것과 더

싸우게 되고, 그러면서 이것은 더 많이 중요해지고…, 그런 것 같습니다.

레스터 레븐슨 : 맞습니다. 그러나 이것은 지금 너무 많이 자라나 있습니다. 무의식의 영역에는 당신이 볼 수 있는 것보다 훨씬 더 많은 것이 있습니다. 마음은 모든 생각들의 총합일 뿐 그 외에는 아무것도 아닙니다.

무의식적 마음은 지금 우리가 보고 있지 않은 그 모든 생각들을 잡고 있습니다. 그 수천, 수만 가지 생각들이 거기에서 적극적으로 활동합니다. 무의식적으로 당신은 몸을 작동시키고 있죠. 모든 세포를 작동시키고, 몸속 화학공장을 운영합니다. 더운 날은 몸을 시원하게 하고, 추울 때는 몸을 덥히기도 하죠. 이처럼 무의식은 당신의 몸을 능동적으로 작동시킵니다.

또한 이것을 원한다, 저것을 원치 않는다, 좋다, 싫다 등의 수천 가지 생각들이 거기 있습니다. 그들이 무의식적이라 하더라도 그들은 활동적입니다. 우리가 그들을 보고 있든 보고 있지 않든 그들은 활동하고 있죠.

그리고 그들은 우리의 에고에 의해 동기가 부여되고 유지됩니다. 이러한 무의식의 영역에서 '에고에 의해 발생하는 동기'들을 의식 표면으로 불러내서 그들을 놓아버리는 것, 이것은 정말 어렵습니다. 그럼에도 불구하고, 우리는 언젠가는 '에고-

마음'이 없는 거기[30]에 도착할 것입니다. 우리가 "나는 그 마음이 아니다. 나는 그 몸이 아니다. 나는 그 에고가 아니다."라고 보면, 그때 우리는 제대로 보고 있는 것입니다. 그리고 우리가 정말로 그것이 아니라는 것을 안다면, 결국에는 '에고-마음-몸'을 놓는 것이 가능해집니다.

Q : 그러면 원래 우리였던 그 상태로 다시 만들어지는 것입니까?

레스터 레븐슨 : 다시 만들어지는 것이 아닙니다. 늘 우리였던 그것을 다시 기억하는 것입니다. 다시 발견하는 것이고, 다시 자각하는 것입니다.

Q : 그러니까 에고는 껍질 벗겨지듯 떨어져 나가는군요.

레스터 레븐슨 : 맞습니다. 영원히 가버립니다. 바로 그것이 결국 지금 우리가 해야 할 일입니다. 우리는 우리가 무엇이고 누구인지 찾을 수 있도록, 그냥 있어도 에고를 놓을 수 있는 충분한

---

30 불교에서는 이 '에고-마음'이 없는 단계를 '아라한'의 단계로 규정하고 있다. 중생을 윤회하게 하는 10가지 족쇄 중의 에고māna in Pāli는 불교의 세 번째 성인, 아나함에게도 여전히 남아 있는 5가지 족쇄에 속하고, 이것은 아라한을 얻으면서 비로소 벗어난다.
덧붙이자면, 불교에서는 에고를 이렇게 정의 내린다. 동등자아, 열등자아, 우등자아, 즉 누군가와 자신을 비교하며 나는 너보다 낫다, 못하다, 같다라고 본다면 그것은 에고의 모습으로 간주된다. 여기서 레븐슨이 말하듯이, 결국 '나' 없이, 전체적 흐름 속에서 그 흐름이 되는 상태라고 볼 수 있다. 그래서 불교에서는 아라한을 그 기능만 있는functional 존재로 본다.

알아차림이 일어날 때까지 에고를 떨어뜨려야 합니다. 우리가 누구인지 혹은 무엇인지 알게 되면, 우리는 이렇게 말합니다. "세상에 이렇게 어리석을 수가…!"[31]

그리고 우리는 더 이상 '에고-마음-몸'과 동일시하지 않습니다. 그러면서 우리는 삶 속에서 다른 사람의 몸을 구경하듯이 우리의 몸을 구경합니다. 그것을 지켜보십시오. 그리고 당신은 이제 몸이 당신이 아님을 압니다. 당신은 몸을 넘어선 어떤 것입니다. 당신은 몸에 구속되거나 제한되지 않죠. 당신은 당신이 영원하고, 전체이며, 완전한 당신으로 자유롭다는 사실을 압니다. 그리고 당신은 몸이 그냥 그 길을 가도록 합니다.[32] 마치 꼭두각시처럼.

Q : 우리가 원한다면, 그 몸을 우리가 좋아하는 어떤 것을 하기 위해 사용합니다. 그렇지 않으면 그냥 그 쇼가 진행되도록 합니다.

레스터 레븐슨 : 맞습니다. 그저 쇼가 진행되도록 하십시오. 그것

---

31 '어리석을 수가' 정도가 아니고, 우리는 철저히 자신에게 속고 있음을 알고 너무나 놀라고 거짓 자신에게 분노한다. 그러니까 한시라도 빨리 깨닫는 것이 상책이다.

32 바로 이 부분이 정확하게 역주 30에서 말한 아라한의 기능적 상태라고 볼 수 있다.

은 당신이 쓴 시나리오입니다. "제한된 몸의 놀이." 그럼에도 불구하고, 당신은 다른 이들과 교류하기 위해 이 몸을 사용할 것을 자유롭게 선택할 수도 있습니다. 그들이 성숙하는 것을 돕기 위해서 말입니다.

Q : 우리가 보는 모든 것, 나무 조각이나 포테이토칩 등이 모두 영원한 진리의 한 부분들이라는, 뭐 그런 것 아닙니까?

레스터 레븐슨 : 맞습니다. 그러나 당신은 그것을 오직 당신일 뿐 다른 것이 아니라는 것으로 보아야 합니다. 그러면 당신은 그것의 진리를 볼 수 있습니다. 세상이 사라지는 것이 아닙니다. 그것에 대한 우리의 개념이 완전히 변하는 것입니다. 세상이 우리를 제외한 어떤 것이 되는 대신에, 그것이 우리가 됩니다. 또는 우리가 그것이 됩니다.

세상이 바로 당신이라는 것을 볼 때, 세상을 당신으로부터 분리된 어떤 것으로 보았을 때와는 완전히 다르게 보일 것입니다. 당신은 그것을 사랑하고, 그것과 자신을 동일시하고, 또 그 안의 모든 사람들과 자신을 동일시합니다. 당신이 누군가를 온전히 사랑할 때, 당신은 그 사람과 자신을 동일시하고 하나가 됩니다. 그렇지 않나요? 그러므로 당신이 우주가 될 때 당신은 우주를 사랑합니다. 반대로 당신이 우주를 온전히 사랑할 때 당신은 우주가 됩니다. 사랑은 절대적인 필요조건입니다. 우리가 총체적으로 사랑할 때, 바로 우리 자신인 장엄하고 영광스러운 무한한 존재와 전격적으로 동일시가 일어납니다.

넷째 주의 수행을 위한 제안

만일 우리가 찾는 그것이 바로 우리 자신이라면 — 궁극의 행복 — 가령, 명백한 외부 대상인 새 자동차 같은 것도 우리와 분리된 것이 아니지 않는가? 우리가 이미 총합이기 때문에 모든 것은 이미 늘 만족의 상태에 있다. 거기 우리 자신으로부터 분리되어 있거나, 밖에 있는 그런 존재나 사물은 없다. 당신이 이러한 이해로 살고, 이 이해를 당신의 것으로 삼으면 당신의 삶은 확실히 변하며 영원을 향할 것이다.

당신 주변에서 이미 명백한 단일성을 탐험하도록 자신을 허용하라. 당신은 아래의 어떤 방법으로도 이것을 해볼 수 있다.

같은 것을 찾아라. 마음은 다른 것을 창조하고, 명백한 분리를 창조하는 데 전문가다. 그러나 잘 살펴본다면 당신이 경험하는 모든 것 속에서 같음을 발견할 수 있다. 명백한 유사성으로 시작해보라. 말하자면, "나는 인간, 그 혹은 그녀도 인간."처럼 말이다. 그리고 더 깊은 곳에서 가장 깊은 곳의 근저를 이루고 있는 단일성으로 이끌려가도록 당신 자신을 허용하라.

당신이 보는 모든 곳에서 당신의 존재성Beingness을 보는 수행을 하라. 다른 사람을 당신 자신의 존재성으로 보는 수행을 시작하라. 그런 다음에는 다른 것들을 당신 자신의 존재성으로 보라. 그리고 결국 그것은 모든 원자atom가 당신이라는 것을 보는 쪽으로 당신을 인도할 것이다. 눈앞에 나타난 모든 것을 둘러싸고 서로서로 스며들어 있는 그것에 초점을 잘 맞추도록 하라. 당신이 모든 적나라한 다양함을 허용하는 그 방대함 또는 공성空性, emptiness에 초점을 맞출 때, 근저를 이루고 있는 이 단일성을 보는 것은 때로 매우 쉽다.

당신은 자기발견을 하기 위해 아래의 대칭 개념들을 사용할 수 있다.

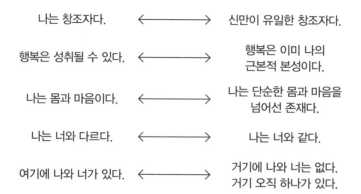

나는 창조자다. ⟷ 신만이 유일한 창조자다.

행복은 성취될 수 있다. ⟷ 행복은 이미 나의 근본적 본성이다.

나는 몸과 마음이다. ⟷ 나는 단순한 몸과 마음을 넘어선 존재다.

나는 너와 다르다. ⟷ 나는 너와 같다.

여기에 나와 너가 있다. ⟷ 거기에 나와 너는 없다. 거기 오직 하나가 있다.

이후 7페이지는 당신의 탐험을 돕기 위해 디자인되었다. 이번 주에 얻은 깨달음과 성과를 일기처럼 매일 적어보라. 다양한 연습과정을 기록하는 것도 좋다.

넷째 주

행복은 어디에 있는가?

첫째 날

_____

_____

_____

_____

_____

_____

_____

_____

_____

_____

_____

_____

_____

_____

_____

_____

둘째 날

셋째 날

_____

_____

_____

_____

_____

_____

_____

_____

_____

_____

_____

_____

_____

_____

_____

_____

_____

_____

넷째 날

다섯째 날

여섯째 날

일곱째 날

_____

_____

_____

_____

_____

_____

_____

_____

_____

_____

_____

_____

_____

_____

_____

_____

_____

_____

_____

_____

_____

사랑이 주는 무한한 즐거움

Love

> 원래 존재의 근원은 온전한 사랑이다.
> 우리의 문제들은 이러한 자연적 상태인
> 사랑이 가려지면서 일어난 것이다.
> – 레스터 레븐슨

이번 장에서는 여러 강연에서 레스터가 남긴 지혜로운 말을 추려놓았다. 한 번에 하나씩 천천히 읽으며 숙고해보도록 하라. 하나를 읽고 다음 것으로 넘어가기 전에, 거기서 얻을 수 있는 최고의 이득을 얻을 수 있도록 충분한 시간을 갖기 바란다.

- 인류애란 모든 사람들이 생각하는 그 사랑이다. 그렇지만 진정한 그리고 신성한 사랑은, 끈기 있게 지속적으로 이 우주 속의 모든 존재를, 그 존재들의 있는 모습 그대로 완전히, 전체적으로, 총체적으로 받아들이는 것이며, 그리고 그들을 사랑하는 것이다. 그들이 존재하는 바로 그 모습으

로, 바로 그것 때문에.

- 신성한 사랑은 상대방이 존재하기를 원하는 방식대로 그 사람이 존재하도록 허용하고 원하는 것이다. 신성한 사랑 이란 모든 존재를 동등하게 보는 것이며, 그렇게 받아들이 는 것이다. 그리고 나는 이것이 바로 우리의 사랑이 신성 한 것인지 아닌지를 알아보는 척도라고 생각한다. 우리가 만나는 모든 사람들이 우리에게 다 동등한가? 우리에게 반대하는 사람에 대한 사랑이 우리를 지지하는 사람에 대 한 사랑과 같은가?

- 진정한 그리고 신성한 사랑은 조건 없이 모든 사람을 똑같 이 대하는 것이다. 이것에 대한 최고의 예는 바로 그리스도 의 '누가 너의 뺨을 때리거든 다른 뺨도 내주어라', '네 원 수를 사랑하라' 등의 가르침이 될 수 있다. 우리가 이것을 국가적으로 시행한다면, 우리의 적들을 사랑함으로써 그 들을 완전히 무기력하게 만들 수 있을 것이다. 그들은 우리 에게 어떤 해도 끼치지 못할 만큼 힘이 약해질 것이다. 우 리는 이것을 국가적 차원에서 장려해야 하고, 적어도 다수 의 사람들이 그들의 원수를 사랑해야만 할 것이다.

- 진정한 사랑 그것 자체는, 우리가 전등불 스위치처럼 껐다 켰다 할 수 있는 그런 것이 아니다. 사랑을 가지고 있든 그렇지 않든 둘 중 하나다. 사랑과 함께하면서, 어떤 사람은 사랑하고 다른 사람은 미워하는 것은 불가능하다. 우리가 누군가를 미워하는 그 정도만큼 우리는 다른 사람들을 사랑하지 않고 있는 것이다. 한 사람이라도 미워한다면 우리의 사랑이 그보다 더 클 수는 없다.

- 보통 사람들이 말하는 사랑은 간단히 말해 '필요'다. "나는 이 사람은 사랑하지만 저 사람은 사랑하지 않는다."라고 말한다면, 이 사람이 필요하다고 느끼는 것이다. 우리가 원하는 것을 얻기 위해 이 사람에게 잘 대할 것이다. 그러나 그것은 진정한 사랑이 아니다.

- 인간의 사랑은 이기적이다. 신성의 사랑은 완전히 비이기적이다. 비이기적인 사랑은 상상할 수도 없는 무한한 즐거움을 준다. 시도해보라. 그리고 당신 자신을 위해 이것을 발견하라.

- 진정한 사랑은 다른 사람들을 향해 느끼는 그런 사랑이다.

이것은 우리가 우리 자신을 얼마나 다른 사람들에게 줄 수 있는가로 결정된다.

• 꽉 찬 사랑은 모든 다른 존재들을 자신과 동일시하는 것이다.

• 우리가 다른 모든 사람과 나를 동등하게 볼 때, 우리는 우리 자신을 대하듯 모든 사람을 대하게 된다.

• 사랑은 위로이며 진정제다. 사랑은 우리를 진정시키고 모든 것을 치유한다.

• 당신이 사랑할 때, 당신은 다른 사람들도 사랑하도록 고양시킨다.

• 당신이 줄 수 있는 최고의 것은 사랑이다. 그것은 물질보다 더 위대한 것이다.

• 당신이 사람들을 이해할 때, 당신은 그들이 그들 나름대로 옳다고 믿는 일을 하고 있음을 본다. 당신이 이해할 때, 당

신은 허용하고 받아들인다. 당신이 이해하고 있다면 당신은 사랑하고 있는 것이다.

• 우리가 사랑할 때 우리는 행복해질 뿐만 아니라, 전 인생이 조화를 이룬다.

• 행복은 우리가 사랑할 수 있는 능력과 동급이다.

• 우리가 완전히 사랑한다면 우리는 완전히 행복하다.

• 사랑하든가 아니면, 사랑이 부족하든가 둘 중 하나다.

• 누군가를 사랑하고 있는 것이 아니면, 그것은 그 반대의 일을 하고 있는 것이다.

• 가장 높은 사랑은 당신이 누군가 다른 사람, 그 사람이 될 때다. 동일시가 바로 사랑의 가장 높은 상태다.

• 당신이 원수를 사랑하면, 당신에게는 더 이상 적들이 없다.

- 사랑의 위대한 영향력은 너무나 분명한 것이다. 직접 해보라!

- 만일 당신이 당신 자신의 중심에서 본다면, 사랑, 수용, 동일시, 이해, 교류, 진리, 신 그리고 진자아 등의 단어는 모두 같은 것이다.

- 원래 존재의 근원은 온전한 사랑이다. 그의 문제들은 이러한 자연적 상태인 사랑이 가려지면서 일어난 것이다.

- 사랑하라. 그리고 비이기심이 당신 자신을 위해 가장 좋은 것임을 발견하라.

- 사랑은 노력이 필요 없다. 반면 미움은 정말 지독한 노력을 필요로 한다.

- 사랑을 적용해보라. 그러면 모든 문제가 해결된다.

- 인간의 사랑은 다른 사람을 필요로 하는 것이다. 신성의 사랑은 다른 사람에게 주는 것이다.

- 사랑은 행복과 동격이다. 우리가 행복하지 않을 때 우리는 사랑하고 있지 않은 것이다.

- 소유의 개념은 사랑이 의미하는 것과 정확하게 반대에 있다. 사랑은 자유롭게 하고, 소유는 예속시킨다.

- 사랑은 다른 사람과 하나가 되는, 동일시하는 느낌이다. 꽉 찬 사랑이 있을 때 당신은 당신이 바로 다른 사람인 것처럼 느낀다. 그러면 다른 사람을 대할 때 당신 자신의 진자아를 대하는 것과 같다. 당신은 다른 사람의 즐거움에 기뻐한다.

- 사랑은 어마어마한 힘이다. 우리는 사랑 뒤에 있는 그 힘을 발견한다. 의심할 여지없이, 그것은 수소폭탄보다 더 강하다.

- 사랑 이외에는 아무것도 가진 것이 없는 한 개인이 전 세계에 대항해 설 수 있다. 왜냐하면 그의 사랑은 그만큼 강한 것이기 때문이다. 이 사랑은 다름 아닌 진자아다. 이 사랑이 신이다.

- 사랑은 우주에 있는 파워만 주는 것은 아니다. 그것은 모든 기쁨, 모든 앎까지도 준다.

- 사랑의 역량을 키우는 최고의 방법은, 자신을 이해하는 것에서부터 시작된다.

- 나는 모든 사람이 누군가 한 사람을 사랑하면서 겪었던 훌륭한 경험을 다 가지고 있다고 본다. 그렇다면 만일 당신이 30억 명의 사람을 사랑할 때, 그것이 어떨지 당신은 상상할 수 있을 것이다. 30억 배나 더 즐길 만한 것이 될 것이다.

- 사랑은 말하자면, 우리가 그것을 발전시키는 만큼, 우리 속에서 진화해나가는 지속적인 어떤 자세다. 우리는 우리의 가족들에게 먼저 사랑을 연습해볼 수 있다. 가족 모두에게 그들 자신의 존재성을 허락하라. 그리고 그것을 친구들에게, 그리고 낯선 사람들에게, 그리고 모두에게로 확장해보라.

- 우리가 사랑을 실행하면 할수록, 우리는 더 사랑하게 된

다. 우리가 더 사랑할수록 우리는 더 큰 사랑을 실행한다. 사랑은 사랑을 낳는다.

• 우리가 더 많이 사랑할수록, 우리는 우주의 조화와 더 많이 접촉한다. 인생을 더 많이 즐기게 되고, 인생이 더 많이 아름다워 보이고, 원하는 모든 것을 더 많이 이룬다. 이것은 위로 올라가는 나선형의 순환을 시작한다.

• 사랑을 받을 수 있는 유일한 방법은 사랑을 주는 것이다. 왜냐하면 우리가 주는 것은 꼭 돌아오기 때문이다.

• 이 우주에서 가장 쉬운 일이 '모든 사람'을 사랑하는 것이다. 우리가 한번 사랑이 무엇인지 알게 되면, 이것이 가장 쉬운 일임을 알게 된다는 말이다. 반면, 사람들을 사랑하지 않는 데는 엄청난 노력이 필요하다. 그런데 바로 그런 일들이 매일 일상에서 일어나고 있음을 본다. 그러나 우리가 사랑을 하면 우리는 모든 존재와 하나가 된다. 우리는 평화롭고 그리고 모든 것은 저절로 척척 완전하게 일어난다.

• 높은 차원의 정신적 사랑에는 '자기 상실감'이 없다. 우리

가 모든 사람을 사랑할 때 우리는 자신을 다치면서까지 그렇게 할 필요는 없다. 그리고 결코 다치지 않는다.

• 우리가 사랑할 때 거기에는 상호작용의 느낌이 있다. 상호작용이 있다면 그것은 옳은 상황이다. 당신이 사랑하고 있다면 당신은 바로 그 법칙 속에 있는 것이다.

• 잘못된 태도들은 사랑을 숨 막히게 한다. 그러나 애초에 사랑은 우리의 근본 성품이고 자연스런 현상이다. 그래서 그것이 그렇게 쉬운 것이다. 그 반대는 노력이 필요하다. 우리는, 우리의 자연적 자아로부터 멀리 떠나고, 또 그것을 가려버림으로, 사랑의 반대 상황으로 질식할 지경이 된다. 말하자면 사랑하고 있지 않기 때문에, 사랑하지 않음이 우리에게 온 것이다.

• 우리가 사랑할 때 우리는 가장 위대해짐을 느낀다.

• 진정한 사랑은 우주를 획득한다. 한 사람이 아니고 우주의 모든 사람.

- '사랑 아님non-love'의 개념 뒤에는, 늘 우리 자신인 무한의 사랑이 있다. 당신은 그것을 증강시킬 수는 없다. 당신이 할 수 있는 모든 것은 '사랑 아님' 그리고 미움의 개념을 벗겨내는 것뿐이다. 그러면 우리 자신인 이 어마어마한 사랑의 존재는 더 이상 숨겨지지 않는다.

- 깨달음의 길에 있어 사랑은 절대적 필요요소다. 만일 우리가 완전한 깨달음을 얻기를 기대한다면, 우리는 사랑이 완전해질 때까지 사랑을 증폭시켜야 한다.

- 당신이 진정으로 사랑할 때, 당신은 결코 분리를 느낄 수 없다. 거기에 거리는 없다. 왜냐하면 그들은 당신 심장 바로 거기에 있기 때문이다.

- 우리는 오직 성장을 통해 사랑이 무엇인지 이해하게 된다. 당신이 진정으로 사랑할 때, 당신은 다른 사람을 완전히 이해한다.

- 사랑은 지속적인 자세다. 사랑은 다양한 것이 아니다. 사랑은 조각조각 잘라질 수 없다.

- 인간의 사랑을 포함한 모든 사랑은 그 안에 신성한 원천을 가지고 있다.

- 모든 인간은 원래 전적으로 사랑스러운 개인이다.

- 우리가 사랑할 때, 우리는 우리가 사랑하는 사람을 위해 최고의 것만 생각한다.

- 더 많이 사랑할수록 더 많이 이해한다.

- 잘못된 사랑과 올바른 사랑을 구분해내는 한 단어가 있다. 그것은 바로 '주는 것giving'이다.

- 당신이 아주 높은 상태에 있다면, 당신은 사람에게 하듯 나무도 끌어안을 수 있다. 당신의 사랑은 모든 것에 스며든다.

- 총체적 자기희생은 우리가 할 수 있는 가장 비이기적인 것이다. 자기희생이 총체적일 때 우리는 오직 다른 사람만 생각한다. 그리고 그것은 자동적으로 진자아의 영역이다.

• 사랑은 진자아의 상태다. 이것은 당신 자신인 어떤 것이다.

• 헤아려줌은 사랑에 있어서 꼭 필요한 부분이다.

• 전적인 사랑이 아닌 것은, 어떤 면에서 미움이다.

• 당신이 왜 어떤 것도 파괴해서는 안 되는지 아는가? 개미
가 곧 신이다. 원수가 곧 신이다. 만일 당신이 어떤 부분이
든 한계를 둔다면 당신은 신을 몰아내는 것이다. 사랑은
부분이 될 수 없다. 사랑은 모두에게 해당되어야만 한다.

• 가장 큰 향상은 바로 사랑이다.

• 사랑의 역량은 당신의 이해력에 의해 결정된다.

• 당신이 누군가를 신뢰하지 않는다면, 당신은 그 사람을 전
적으로 사랑하지 않는 것이다.

• 우리가 이 세상을 사랑한다면, 우리는 이 세상을 우리 자
신의 드러난 모습, 그것으로 받아들인다. 그것을 바꾸려고

하지 않는다. 그냥 당신으로 둔다. 우리는 세상이 그렇게 존재하도록 허락한다. 다른 사람을 바꾸고자 하는 것은, 바로 우리 자신의 에고를 주입하는 것이다.

• 우리가 더 많이 사랑할수록, 생각할 것이 적어진다.

• 사랑하는 것보다 사랑이 되는 것이 더 높은 것이다. 진정으로 신에게 귀의한 자는 사랑을 선택할 수 없다. 그가 사랑이기 때문이다.

• 사랑은 당신의 진자아다. 그것이 최고의 사랑이다.

• 사랑은 지속적인 태도다. 사랑은 변하지 않는다. 우리는 우리가 이방인을 사랑하는 만큼 우리의 가족도 사랑한다. 우리가 이방인을 사랑할 수 있는 그 역량만큼, 딱 그만큼만 우리의 가족도 사랑할 수 있다.

• 사랑은 함께함이다.

• 사랑은 진자아다. 진자아는 사랑하지 않는다. 진자아가 사

랑이다. (오직 이중성 속에서만 사랑이 발생한다.)[33]

- 사랑하는 것이 아니라, 사랑이 되는 것이 신과 함께하는 것이다.

- 다른 사람에게 봉사하는 것으로 각자가 그 자신을 찬미한다. 그리고 다른 사람으로부터 당연히 또 돌려받는다. 이렇게 신은 앞으로 뒤로 흐른다. 그리고 우리는 그의 이국적인 분위기를 즐긴다. 주는 정신보다 더 유쾌한 것은 없다. 인간에게 가능한 그 어떤 경험을 넘어선 그것은 거의 중독적이다. 이것을 발견해보라.

봉사는 신의 '늘 새로운' 즐거움 속에서 목욕하게 하는 비밀이다. 봉사는 음료 하나에 모두 녹아 있는 — 최상급의 사랑 — 무한한 다양한 맛들의 감로를 즐기는 곳이며, 아름다움과 매력의 위대한 영역에 문을 연다.

사랑하고 봉사하고자 하는 끝없는 열정으로, 가장 우아하고 끊임없는 즐거움의 정원으로 들어온다. 이기심의 공허함에서 벗어나라. 비이기적 사랑으로 당신 자신을 가득 채우라.

---

33 이 말은 사랑한다는 것은 이미 대상과 내가 분리된 상태이고, 그냥 사랑이 된 단일성의 상태가 사랑이라는 말이다.

다섯째 주의 수행을 위한 제안

레스터는 이렇게 말하곤 했다.

"사랑을 제외한 모든 느낌은 '사랑-아님'의 느낌이다. 그러므로 거기에는 다양한 미움이 있다."

당신은 얼마나 사랑을 주고 있는가? 당신은 사랑 이외에 다른 어떤 느낌을 가지고 있는가? 만일 그렇다면, 절망하지 말라. 사랑은 당신의 본성이다. 설사 당신이 그것을, 반대되는 아주 강한 느낌 또는 가장 갑갑한 이야기 속에서 놓쳤다 할지라도 말이다. 이 진리를 당신 안에서 다시 드러내기 위해, 당신이 할 수 있는 모든 것은 당신의 '사랑-아님'의 느낌들을 놓아버리고 흘려버리는 것이다. 그러면 남는 것은 오직 사랑뿐인 바로 진짜 당신 자신이다.

레스터는 "모두를 사랑으로 바꿔라."라는 테크닉을 제시하곤 했다. 당신의 삶 속에서 이 테크닉을 경험하려면 아래의 지시를 따르라.

당신의 모든 '사랑-아님'의 느낌을 사랑으로 바꾸는 과정을 시작할 것을 허용하라. 이러한 느낌들은 당신의 진짜 사랑의 본성을 가리기 위해 나타난다는 것을 기억하라. 당신이 그것들을 놓아버리면서 당신 자체인 자연스런 사랑이 점점 더 빛날 것이다. 단순히 당신 자신에게 물어보라. 당신이 '사랑-아님'의 느낌을 가질 때마다 당신은 이것을 놓아버릴 것을 원하는가?

"나는 이 느낌을 사랑으로 바꿀 수 있는가?"

놓아버림은 단지 '선택'이다. 그리고 만일 당신이 이 선택을 허용한다면, 바로 뒤에서 들추어지기를 늘 기다리고 있는 사랑을 드러내면서, 표피적으로 떠오른 '사랑-아님'의 느낌은 분해될 것이다. 표면에 떠오른 어떤 느낌들이라도 분해되면서는 사랑으로 초대된다.

사랑은 무한한 힘이므로 거기에 사랑이 분해하지 못할 느낌은 없다. 그 상황에서, 당신이 시작했던 그 느낌이 아닌, 오직 사랑만 느낄 때까지 같은 느낌을 가지고 수행을 계속하라. 이것을 완성하기까지 약간의 시간이 걸릴 수도 있다. 어떤 때는 그 느낌이 완전히 가버리기 전에, 몇 개 정도만 놓여나는 것이 보일 수도 있다. 그러나 당신이 이 테크닉을 지속적으로 수행한다면, 당신은 점점 더 빨라질 것이며 점점 더 쉬워질 것이다.

이 수행을 실험할 때는 덜 강하고 덜 고착된 그런 느낌들로 시작하라. 좀 더 쉬운 느낌들로 시작하면, 당신의 가장 큰 상처나 실망도 이 방법으로 쉽게 놓아짐을 발견할 것이다.

당신은 다음과 같은 대칭 개념들로 수행을 시작할 수 있다.

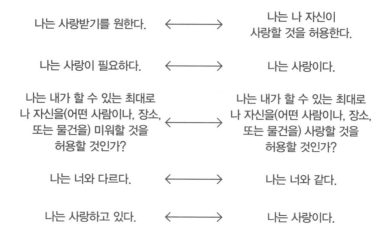

나는 사랑받기를 원한다. ⟵⟶ 나는 나 자신이
사랑할 것을 허용한다.

나는 사랑이 필요하다. ⟵⟶ 나는 사랑이다.

나는 내가 할 수 있는 최대로
나 자신을(어떤 사람이나, 장소, ⟵⟶ 나는 내가 할 수 있는 최대로
또는 물건을) 미워할 것을 나 자신을(어떤 사람이나, 장소,
허용할 것인가? 또는 물건을) 사랑할 것을
허용할 것인가?

나는 너와 다르다. ⟵⟶ 나는 너와 같다.

나는 사랑하고 있다. ⟵⟶ 나는 사랑이다.

이후 7페이지는 당신의 탐험을 돕기 위해 디자인되었다. 이
번 주에 얻은 깨달음과 성과를 일기처럼 매일 적어보라. 다양
한 연습과정을 기록하는 것도 좋다.

다섯째 주

사랑이 주는 무한한 즐거움

첫째 날

둘째 날

샛째 날

넷째 날

다섯째 날

여섯째 날

일곱째 날

깨달음, 더 많이 놓아버리는 것

Realization

나라고 하는, 우리의 진짜 본성은,
그 무한한 진짜 나 자신은,
단순히 우리에게서 마음을 뺀 그것이다
나 − 마음 = 무한한 진짜 나 자신.
− 레스터 레븐슨

의아하게 들리겠지만, 우리는 지적인 사람이 되지 않도록 노력해야 한다. 그 지식은 책에서 얻은 것일지도 모른다. 우리 대부분은 지적인 앎을 가졌지만, 아직도 깨닫지 못하고 있다. 우리가 진정으로 원하는 앎은 경험을 통해, 느낌을 통해, 깨달음을 통해 얻어야 하는 것이고, 그리고 그것들이 모두 우리의 존재에 통합적으로 녹아들어야 한다.

성장에 유용한 지식은 책에서 얻은 앎이 아니라 우리가 내적 통찰이나 느낌으로 깨달은 그런 앎이다. 우리가 명상을 할 때 가지게 되는 앎들은 우리의 느낌들과 일치되어야 한다. 말하자면, 옳다는 느낌이 있어야 하며, 우리의 전체적 존재성과 통합

되어야 한다. 그러면 그것이 바로 깨달음이고 계시다.

깨달음이 일어나면 우리는 안다. 그리고 우리는 우리가 안다는 것을 안다. 깨달음이란 어떤 것을 정말 처음으로 알게 되는 것을 말한다. 비록 그것에 대해 이전에 수도 없이 들었다 할지라도 말이다. 우리가 깨달음을 얻었을 때, 당신이 그것에 대해 이미 들었다 할지라도, 그것이 정말 처음인 것처럼 느껴진다. 이것은 마음에 전깃불이 들어오는 것 같다. 그리고 당신은 말한다. "아, 이제 알겠다." 그것은 과거에 수백 번도 더 들었을 수도 있지만, 마치 지금 처음으로 보고 경험하는 것 같은 그런 것이다. 그것이 바로 깨달음이다. 이제는 그것이 당신에게 진짜가 되었다.

이렇게 인지하고 경험한 앎이 오직 우리에게 유익함을 주는 앎이다. 우리는 어떤 주제에 관한 모든 지식이나 정보를 읽을 수 있다. 그러나 그것은 도움이 되지 않는다. 우리의 삶이 그것으로 인해 그렇게 많이 변화하지 못한다. 그 이유는 그 지식이 깨달음을 통해 우리의 존재성으로 통합되는 영역까지 미치지 못하기 때문이다. 비록 우리가 지성을 매개체로 사용하고 있긴 하지만, 깨달음으로 얻은 지식은 비지성적인 것이다. 우리는 우리의 마음을 사용한다. 우리는 우리의 마음을 대답 쪽으로 향하게 한다. 그러나 답은 마음에서 오는 것이 아니라 마음 너머의 다른 어떤 곳에서 온다. 그것은 앎의 영역, 전지全知의 영역에서 온다. 마음을 고요히 하고 생각들을 가라앉힘으로써 우리는 앎의 영역으로 다가선다. 그러면 거기서 깨달음이 일어난다. 당신은 그것을 진짜로 만들어낸다. 당신은 알고, 당신은 당신이 안다는 것을 안다.

레스터 레븐슨과의 대담

Q : 앎과 느낌은 같은 것입니까?

레스터 레븐슨 : 아닙니다. 느낌이 앎 전에 옵니다.

Q : 앎이란 느낌을 넘어선 어떤 것입니까? 그러면 진실을 느끼는 그 앎을 말하는 것입니까?

레스터 레븐슨 : 당신의 두 가지 질문에 대한 답은 모두 "맞다."입니다. 그것은 어쨌든 간에 당신이 경험해야만 하는 어떤 것입니다. 말하자면 이런 것입니다. 사물들에 대한 느낌이 있습니다. 그리고 어느 순간 당신은 단순히 알고, 또한 당신은 안다는 것을 압니다. 거기에 느낌이란 없습니다. 앎은 실로 좀 더 높은 영역입니다. 우리는 생각thinkingness의 영역 속에서 사고하고,

생각을 시작합니다. 그러면 우리는 느낌feelingness의 영역으로 움직여갑니다. 최정점은 앎knowingness의 영역입니다.[34]

Q : 느낌 속에 에고가 포함됩니까?

레스터 레븐슨 : 맞습니다. 에고는 느낌을 동반합니다. 그것은 좀 더 높은 에고의 상태입니다. 그러므로 거기에 이중성이 있습니다. '나'는 '감정'을 느낍니다. 앎은 알아차림awareness입니다. 내가 "당신은 알고, 당신은 안다는 것을 안다."라고 말했습니다. 당신은 알아차립니다. 그리고 당신이 알아차리고 있다는 그 사실을 알아차립니다.[35] 거기에는 그 상황을 조절하는 어떤 것도 없습니다. 최정점은 모든 알아차림과 모든 존재성의 상태입니다.[36] 우리가 거기 도달하면 존재성과 알아차림은 같은 것으로 나타납니다. 전에는 그것이 2개의 다른 것들로 보였겠지만. 우

---

34 놀라운 일이기도 하고 어쩌면 너무나 당연한 일이기도 하겠지만, 여기서 레븐슨이 말하고 있는 것은 거의 대부분 붓다가 《마두삔디까 숫따》에서 말한 것과 일치하고 있다. 대상을 보면 우리는 자동적으로 느낌에 떨어진다. 그 느끼는 것을 받아들이고 거기에 대해 생각하기 시작한다. 그리고 그것으로 빠빤차(생각의 확산)에 떨어진다. 그러나 이러한 모든 과정을 관찰awareness하는 순간(위빠사나 명상), 그 관찰하는 의식의 상태가 그 모든 과정 위에 일어난다. 이것이 앎의 영역이고, 불교에서 말하는 지혜panna, wisdom의 영역이다.

35 이 상태를 이렇게 글로 적으면 보는 사람은 '도대체 이게 무슨 말인가?' 할 것이다. 대상이 있고 그것을 알아차린다. 그리고 다시 그 알아차리는 마음을 알아차린다. 이것은 바로 위빠사나 수행법이기도 하다. 그러니까 자각하고 있는 후념後念이 이미 일어난 전념前念을 알아차린다는 말이다.

36 많은 수행자들이 수행에서 얻은 무엇을 잡고는 '내가 얻었다.'라는 에고와 꿍꿍거린다. 그러나 깨달음은 바로 알아차림의 상태, 그것 자체를 말하는 것이다. '무엇을 얻었다.' 하는 그것이 아니라, 그렇게 계속 알아차리고 있는 그 상태, 자체다. 그리고 그 결과적 상황이 바로 존재성의 현현이다.

리가 정점에 도달하면, 존재성과 알아차림 그리고 의식은 모두 같은 것입니다. 당신이 알아차리고 있는 그 알아차림은, 모든 존재성이 존재하고 있는 그 존재성이기 때문입니다. 우리는 우리의 몸만이 아니고 이 우주에 있는 모든 다른 몸이며, 모든 다른 것이고, 모든 미분자라는 것을 봅니다. 만일 우리가 모든 존재이고 미분자라면 우리는 모든 존재성입니다we are all Beingness.

Q : '내가 바로 그것I am that'을 의미하는 건가요?

레스터 레븐슨 : 맞습니다. 바로 그것입니다. 그 '나', 가장 높은 상태는 '나'입니다. 그것이 다입니다. 거기에는 '~이다'조차 붙지 못합니다. 가장 높은 상태 바로 아래가 '나는 ~이다'입니다. 그것 아래는 '나는 바로 나이다'입니다. 그 아래는 '나는 무한입니다' 그 아래는 '나는 위대하다'입니다.

Q : 가장 높은 상태는 '신과 하나가 된다'는 의미입니까?

레스터 레븐슨 : 어디에 '신과 하나 됨'이 있습니까? 신과 하나 됨은 최정점이 아닙니다. 거기에는 이원성이 있기 때문입니다. 만일 내가 신과 하나라면 거기에 '나' 그리고 '신'이 있습니다. 궁극적으로 우리는 '나'가 바로 '신'임을 발견합니다. 우주에는 오직 단수의 '하나 됨'이 있을 뿐입니다. 그리고 우리는 필수적

으로 그 하나가 되어야만 합니다. 당신이 어떤 길을 향하고 있든, 그것이 바로 우리가 마지막 지점에서, 아니면 그 출발선에서부터 발견해야 할 그것입니다.

우리는 개념에 묶인 속박으로 '한정 없음'이 가려진 무한의 존재입니다. 이것은 '나는 전체로부터 분리된 개인이다'에서 시작되는데, 이것이 우리가 만든 첫 번째 오류이며 가장 큰 실수입니다. '나는 분리되었고, 나는 개인이고, 나의 이름은 레스터, 나는 몸을 가졌다'고 하면서 나는 나선형으로 떨어져 내립니다. 우리는 이렇게 마음과 몸을 전제하면서 이 모든 근심거리와 문제들을 만들어냅니다. 그러나 그들은 단지 가정, 억측, 가설에 불과합니다. 우리가 내면으로 들어가서 마음을 고요히하고, 거기서 이 모든 진실을 발견하면, 그것은 단지 허구로 드러날 뿐입니다.[37]

우리가 보는 이 모든 세상은 단 한 번도 진짜가 아니었던 환영의 꿈일 뿐입니다. 진리는 외부 세상 너머에 있습니다. 그러니 왜 근심합니까? 성장이란 바로 모든 유한의 개념들을 없애

---

37 이것은 정말 그렇다. 문제였는데, 문제라고 생각할 수 있었던 자신의 개념이 문제였다는 것을 안다는 것은 차라리 경악스러운 반전이다. 그러므로 밖의 문젯거리와 평생 싸우는 것으로 삶을 소모하지 말고, 즉시 내면으로 들어가 그 개념들을 걷어내야 한다. 이것은 지식의 영역이 아니라, 의식의 차원이 변하면서 일어나는 일이므로, 철저히 내면으로, 내면으로 들어가는 것만이 살 길이다. 높은 차원에서는 바로 코앞의 일인 그것이, 낮은 차원에서는 멀고 먼 개념이라는 광야를 거쳐서 도달해야만 하는 시공간의 벽이다.

는 것입니다. 그 무한하고 완전한 존재인 우리는 늘 무한하고 완전함에 틀림없습니다. 그러므로 우리는 지금 이대로 완전합니다. 이것이 결코 변하지 않는 그 하나, 무한한 우리의 진자아입니다. 이것은 늘 거기 그렇게 있는 것입니다.[38] 그러나 나는, 그 무한한 진자아임에도 불구하고, 속박되어 있고, 몸과 마음을 가졌고, 문제투성이라고 스스로 결정하고 당연하게 떠맡습니다. 그런데, 정말 미안하게도, 그것은 단지 추정일 뿐입니다.

생각을 제거할수록 진자아가 드러난다

Q : 당신이 말하는 총체적 알아차림의 상태에 도달하기 위한, 그곳으로 즉각적으로 관통하려면 어떤 테크닉들이 있습니까?

레스터 레븐슨 : 질문을 하십시오. "나는 누구이고 무엇인가?"라고 물은 후, 그것 자체가 대답이 되어 나올 때까지 기다려보십시오. 마음으로 짓는 생각하기는 결코 답을 주지 못합니다. 왜냐하면 모든 생각은 '한계 만들기'이기 때문입니다. 그러니 고요함 속에서, 명상 속에서 질문을 제기하십시오. "나는 누구인가?" 그리고 "나는 무엇인가?" 다른 생각들이 올라오면 그것들을 때려눕히십시오. 만일 그렇게 할 수 없다면 이렇게 물으십시오.

---

38 이것을 한국불교에서 말하는 진공묘유의 그 묘유의 상태로 생각해보라.

"이러한 생각들은 누구에게?"

"이러한 생각들은 나에게."

"그러면 나는 누구?"

그러면 당신은 제대로 "나는 누구?"에 돌아와 있게 됩니다. "나는 누구이고 무엇인가?"라는 질문에 도달할 때까지 이것을 계속하십시오. 시간이 얼마나 걸릴지는 상관하지 마십시오. 대답은, 무한의 진자아입니다. 그것을 명료하게 보여주는 단 하나의 길은, 마음이 거의 완전히 멈출 때입니다. 지금 여기서 당장 완전한 깨달음을 얻지 못하게 만드는 단 하나의 장애는, 바로 하나하나가 모두 한계, 그 자체인 생각들입니다. 그러한 생각들을 제거하십시오. 그러면 우리는 언제나 우리였던, 우리인, 우리일, 그 무한한 존재를 볼 것입니다. 어려움은 과거의 습관적인 생각의 패턴들입니다. 우리가 무의식적 마음이라고 불리는 그곳에 장치해놓은 그 구조를 바탕으로, 돌고 휘저으며 지속적으로 나타나는 그 무의식적인 생각들입니다. 무의식적 생각들이라고 하는 것은 단순히 우리가 지금 보고 있지 않은 생각들입니다. 그래서 우리가 무의식이라고 부르는 그것들입니다. 이것이 바로 우리가 장치해놓은 원수입니다.

이 무의식적 생각들을 줄이기 위해 우리는 먼저 그것들을 의식화해야 합니다. 우리가 그것들을 의식화할 때, 우리는 그들

을 놓아버릴 수 있습니다. 그것은 영원히 없어진 것입니다. 이
것은 무의식적 마음을 고요히 합니다. 우리가 생각들을 더 많
이 제거할수록 우리의 진자아는 더욱 자명하게 드러납니다. 진
자아가 더 자명하게 드러날수록, 남아 있는 생각들을 더 많이
태워버릴 수 있습니다. 마음이 총체적으로 고요해질 때까지.

Q : 의식적 생각들을 고요히 해야만 합니까? 무의식적 생각
들에 도달하기 전에?

레스터 레븐슨 : 의식적 생각이란, 오직 무의식적 생각이 의식화
된 것입니다.

Q : 그들은 꿈을 통해 오기도 하는데 그 상태에서 그들은 무
의식적인 생각들입니까?

레스터 레븐슨 : 그렇습니다. 그러나 우리는 깨어 있는 상태에서
만 생각들을 제거할 수 있고, 그러므로 성장이 일어납니다.

Q : 당신은 명상 또는 다른 기법 등을 통해 당신의 의식적 생
각들을 고요히 합니다. 여기서 제기하는 "나는 누구인가?"는
이 두 가지 다입니다, 그렇죠?

레스터 레븐슨 : 맞습니다. 당신은 생각들을 제거하거나 고요히
하기 위해 "나는 누구인가?"를 사용할 수 있습니다. 질문을 하

십시오. "나는 누구인가?" 그러다가 생각이 올라오면 말하십시오. "이 생각들은 누구에게?" 대답은 "나에게" 그러면 이렇게 물으십시오. "그러면 나는 누구?" 그리고 다시 트랙으로 돌아옵니다. 이렇게 당신은 올라오는 생각들을 제거할 수 있습니다.

Q : 그렇다면 무엇이 무의식적 생각들이 튀어나오는 것을 막는 겁니까?

레스터 레븐슨 : 그들은 튀어나올 것이고 튀어나와야만 합니다. 만일 튀어나온다면 그들은 의식화됩니다. 그러면 그것을 놓아버릴 수 있습니다. 결국 우리는 그들 모두를 제거합니다.

Q : 우리는 얼마나 많은 마음을 가지고 있습니까?

레스터 레븐슨 : 오직 하나입니다. 우리가 이 순간에 보고 있는 것은 세상에서 말하는 의식적인 마음입니다. 우리가 지금 보고 있지 않은 마음의 부분들은 세상에서 말하는 무의식적 마음입니다. 그것은 우리가 각각 다른 이름을 주고 있는 마음의 여러 가지 양태들입니다. 우리가 지금 이야기하고 있는 마음, 우리가 지금 알아차리고 있는 마음은, 우리가 의식적인 마음, 의식적인 생각이라 부르는 그것들입니다.

무의식적 마음이란, 우리가 지금 이 순간에 흥미를 느끼고 있지 않는 모든 생각들입니다. 어떤 이들이 말하는 초의식적 생각들이란, 사실상 그런 초의식적 생각들은 없는 것입니다. 의식 위에 있다는 의미의 초의식이란, 이미 생각의 영역을 벗어난 것입니다. 그것은 전지의 그것이며, 그것은 앎의 영역입니다. 초의식의 영역은 모든 알아차림이며 모든 앎입니다. 당신이 그렇게 알 때, 거기 '생각하기thinking-process'는 없습니다.

Q : 무의식은 잠재의식과 다른 것입니까?
레스터 레븐슨 : 잠재의식과 무의식은 같은 것입니다.

Q : 융의 집단적 무의식 이론에 동의하십니까?
레스터 레븐슨 : 나는 오직 진리에만 동의합니다. 그리고 이것은 내가 강조하는 하나인데 진리는 오직 진리에만 권한을 줍니다. 당신이 그것을 증명할 때까지 아무것도 받아들이지 마십시오. 내가 말하는 것조차 받아들이지 마십시오. 내가 정말로 아는 것처럼 말한다 할지라도 말입니다. 지금 그것이 당신의 앎에 적절하지 않다면 확인하기 위해서만 받아들이십시오. 당신 자신이 직접 그것을 증명할 수 있을 때, 그때 받아들이십시오.

이것은 정말로 중요합니다. 이 모든 지식을 자기 스스로 증명하는 것은 절대적으로 필요합니다. 그렇지 않으면, 그것은 그냥 "아무개가 그랬다더라."가 될 뿐입니다. 당신은 이 지식을 당신의 지식으로 만들어야 합니다. 여기 단 하나의 진리가 있습니다. 하나의 절대적 진리. 그러므로 거기에다 어떤 이름을 붙이든 큰 의미가 없습니다. "아무개가 그랬다더라." 아니면 "레스터가 말했다." 하는 것은 아무 의미가 없습니다.

그것은 진리입니까? 그것이 당신의 이해와 결합하며 통합적으로 녹아들었습니까? 사실, 그것 하나가 관건입니다. 바로 이 점이 우리가 남들과 좀 다르다는 것입니다. 당신이 이 지식을 잘 활용할 수 있도록, 또 가능한 한 빨리 총체적으로 이해할 수 있도록, 우리는 이것을 실용화시키려고 합니다.

Q : 각 단계를 통과할 필요가 있습니까?

레스터 레븐슨 : 아닙니다. 무한의 힘이, 무한의 앎이, 자기 자신이 무한이라는 것을 아는 데 얼마나 걸려야 하겠습니까?

Q : 시간은 얼마 걸리지 않습니다.

레스터 레븐슨 : 그렇습니다. 누군가가 정말 강한 의지를 가지고 원한다면 그것은 빨리 일어납니다. 만일 다른 그 어떤 것보다도 진정으로 깨달음만을 원한다면, 당신은 몇 주 또는 몇 달 만에도 해낼 수 있습니다.

Q : 더욱더 많이 그것을 원하게 하는 방법이 있습니까?

레스터 레븐슨 : 있습니다. 그러한 깨달음 상태의 위대함을 경험하거나, 아니면, 당신 자신을 더욱 비참하게 함으로 그것을 원함을 촉발할 수 있습니다.

거기에는 두 가지 자극이 있습니다. 하나는 비참함입니다. 그러나 이것은 최상은 아닙니다. 두 번째는 그것의 달콤함, 그것의 장엄함, 그것의 영광입니다. 아마 이것이 비참함에 떨어지면서 그것을 원하게 되는 것보다 당신에게 깨달음을 얻고 싶다는 열망을 좀 더 크게 불러일으킬 것입니다.

Q : 영광이라고요? 어떤 의미의 영광입니까?

레스터 레븐슨 : 그것의 영광, 바로 당신 자신인 그 앎입니다. 그것은 어마어마한 경험이고, 무아경이며, 행복감입니다. 사실 그것을 표현할 만한 적당한 단어는 없습니다. 왜냐하면 현재의 우리는 이것을 경험하는 그런 시대에 살고 있지 않으니까요. 그래서 잘 이해하지 못합니다. 이해하지 못한 것을 어떻게 표현할 수 있겠습니까? 이 느낌을 표현할 단어는 없습니다. 그들은 현재의 이해 너머에 있습니다. 그러므로 당신은 그것을 표현할 수 있는 최적의 단어들을 사용하면 됩니다. 그 이상은 다른 도리가 없습니다.

파라마한사 요가난다는 "매초 늘 새로운 즐거움이 솟구치는" 이라는 표현을 썼습니다. 아주 실제적인 표현입니다. 그것은 처음에는 매초 솟아나는 기쁨입니다. 그리고 계속 쏟아져 나오고 또 쏟아져 나옵니다. 당신은 더 이상 그것을 감당하지 못할 것처럼 느낍니다.

나중에, 그것은 매우 깊은 평화로 변합니다. 당신이 결코 상상할 수 없을 정도의 평화 중의 평화. 그것은 '늘 새로운 즐거움'보다 더욱 안락한 참으로 우아한 평화입니다. 그러나 일단 '늘 새로운 즐거움'을 얻으십시오.

Q : 그러나 거기 머물지는 말라는 뜻입니까?

레스터 레븐슨 : 바로 그것입니다. 보통 사람들은 그 '늘 새로운 즐거움'에 묶이곤 합니다. 그래서 그들은 그것을 아난다 쉬트[39]라고 부릅니다. 그것은 우리가 벗겨내야 할 마지막 베일입니다. 우리가 마지막으로 돌파해야 할 벽이죠. 이 '늘 새로운 즐거움'을 시작할 때 당신은 이것이 너무 좋아서 이것을 계속 지속하고 싶어 합니다. 또한 당신은 이것을 변화시킬 필요를 느끼지 않습니다. 모든 것은 그것 자체로 훌륭합니다.

---

39 일시적 황홀경

그러나 이것은 마지막 상태가 아닙니다. 마지막 상태는 모든 이해를 넘어서는 평화입니다. 그것은 깊고, 깊은 평화입니다. 당신은 세상에서 움직이고, 몸이 움직입니다. 그러나 당신은 항상 절대적 평화 속에 있습니다. 폭탄이 당신 주변에 떨어진다 할지라도, 당신은 주변에서 무슨 일이 일어나건 완전한 평화를 누릴 수 있습니다.

Q : 그 상태를 어떻게 유지합니까?

레스터 레븐슨 : 당신이 그것에 도달하면, 그것을 유지할 필요가 없습니다. 당신은 그것을 가졌고, 당신이 그것이니까요.

Q : 그렇다면, 그 특정의 상태에서 우리는 정말 전지이고 모든 것이군요. 그리고 우리는 생각 같은 것을 할 필요가 없다는 그런 것입니까?

레스터 레븐슨 : 맞습니다. 그것이 최정점입니다. 이제 이 상태로, 어느 정도의 깊은 데까지 손을 디밀어보는 것이 가능합니다. 그것만으로도 아주 깊은 곳입니다. 그러나 과거의 습관 때문에 계속 유지되지는 못합니다. 아직 제거되지 않은 생각들이 일으키는 습관들이 다시 발생하고 그것이 우리를 점령합니다. 그러나 어쨌든 잠시라도 우리는 바로 우리인 이 무한한 존재를 느낄 수 있고, 그것은 실로 굉장한 경험입니다.

그러나 바로 다음 순간, "오, 아무개는 내게 이것을 원하고, 나는 그것을 하기 싫어." 이렇게 저렇게 생각이 올라오면, 그 즉시 생각이 주는 그 불행한 한계와 당신 자신을 동일시하면서, 거기 '당신'이 다시 생겨납니다. 그러고 나서 당신은 매우 옹색한 에고, 매우 한정된 에고를 통해 다시 이 무한의 존재가 되려고 시도합니다. 그러면 그것이 당신을 다치게 합니다. 그게 다입니다.

뱀과 새끼줄에 관한 이야기

Q : 우리는 어떻게 그 에고를 공격하고 제거할 수 있습니까?

레스터 레븐슨 : 첫 번째, 가장 좋은 방법은 에고를 놓아버리고자 하는 아주 강렬한 열정이 필요합니다. 두 번째는, 그 길을 따라서 그것에 도달한, 그 길을 잘 아는 이에게 듣는 것입니다. 특별히 그가 완전히 깨달은 존재라면 더욱 좋습니다.

Q : 그런 사람을 발견하는 것이 쉽지는 않습니다.

레스터 레븐슨 : 아닙니다. 우리가 있는 바로 그곳에 그들이 있습니다. 우리가 어디 있든 그들은 바로 거기에 있습니다. 내가 그들의 이름을 불러볼까요? 예수, 붓다, 요가난다. 나는 미국에는 어떤 물리적 육체가 있는지 알지 못합니다. 인도에는, 내가 알기로는, 여러 사람이 있습니다. 그러나 당신이 어디에 있건

그들을 만날 수 있다면 그런 물리적 육신은 필요하지 않습니다. 왜냐하면 그들은 항상 어느 곳에나 있기 때문입니다. 우리가 해야 할 일은 우리의 마음의 눈을 뜨는 것입니다. 그리고 그들을 보는 것입니다. 그들은 편재하고 그들은 우리가 있는 바로 거기에 있습니다.

만일 우리가 우리의 마음을 그들에게 열어젖힌다면, 우리를 돕고 싶어 하는 그들이 반드시 우리에게 올 것입니다. 그들에게는 선택의 여지가 없습니다. 그들은 서원誓願했기 때문입니다. 그러므로 우리가 해야 할 모든 것은 그들의 도움과 안내를 요청하는 것이며 그들에게 우리를 활짝 열어주는 것입니다. 그러면 그것은 거기 있게 됩니다.

그럼에도 우리는 우리를 물리적 몸이라고 생각하고 있기 때문에 깨달은 존재가 몸을 지니고 있다면 우리는 좀 더 빠르게 받아들이게 됩니다. 그러므로 우리는 좀 더 많은 도움을 받을 수 있을 것입니다. 우리의 물질적 감각으로 보면 그는 더 실제적이기 때문입니다.

그것 때문에 육체를 지닌 완전히 깨달은 존재를 가지는 것은 좋습니다. 그럼에도 불구하고, 우리가 그런 한 사람을 가지지 못한다고 해서 우리가 편재하는 그들의 안내를 받지 못한다는 것은 아닙니다.

Q : 힌두의 사상으로 보면 살아 있는 스승 없이는 그것을 할 수 없다고 말합니다. 그러나 지금은 그들이 이런 생각은 좀 넘어섰다고 봅니다. 그런 면에서 당신의 이야기는 그것을 확인해 주는 것 같습니다.

레스터 레븐슨 : 그렇습니다. 그러나 구루들이, 스승들이 물질적 몸을 가졌든 가지지 않았든, 그들 구루는 살아 있습니다.

Q : 우리에게 살아 있는 스승이 필요합니까?

레스터 레븐슨 : 사람들은 스승, 교사를 필요로 합니다. 스승들이 굳이 육체적 몸을 가져야 할 필요는 없습니다. 그러나 사람들에게는 그들이 ― 육체를 버렸어도 ― 살아 있는 것으로 받아들여져야 가르침을 펴기가 쉽습니다. 스승들은 굳이 육체적 몸을 가질 필요가 없지만, 우리가 지금 어려운 시대에 살고 있기 때문에 우리는 살아 있는 스승을 필요로 합니다. 지금은, 모든 것, 모든 사람이 우리에게 "이것은 물질 세상입니다. 정말 그렇습니다."라고 소리치는 물질주의의 시대입니다. 우리는 이 세상에 오고, 오고, 또 오고 있습니다.[40] 그래서 우리는, 우리가 물질이며 한정된 몸이라는 것을 말하고 있는 세상의 무게를 상쇄시

---

40 윤회하고 있다는 표현

킬, 그런 완전히 깨달은 존재의 도움이 진실로 필요합니다. 우리는 공기를 원하는 것보다 더 진리 알기를 원해야만 합니다. 그러면 우리는 아주 빠르게 완전한 깨달음을 얻을 것입니다.

Q : 그것은 신조어입니까? 당신 자신의 말인가요 아니면 격언인가요?

레스터 레븐슨 : 나의 것은 아무것도 없습니다. 내가 이야기하는 모든 것은 이전부터 말하여져왔던 것입니다. 나는 나 자신의 스타일로 이렇게 저렇게 바꾸어 말할 뿐입니다. 그러나 새로운 것은 아무것도 없습니다. 진리는 늘 있었고, 있을 것입니다.

동양의 스승과 제자에 관한 이야기가 있습니다. 그들은 갠지스 강에서 목욕을 하고 있었습니다. 그런데 제자가 물었습니다.

"스승이시여, 어떻게 제가 진리를 알 수 있을까요?"

그러자 스승은 그의 머리를 잡아 그가 막 의식을 잃기 전까지 물속에 처박았습니다. 그런 후에 꺼내주며 말했다.

"네가 지금 공기를 원했던 것만큼 진리를 원한다면 너는 그것을 얻을 수 있을 것이다."

아주 재미있는 이야기입니다. 뱀과 새끼줄에 관한 이야기는 이 물질 세상에 대한 아주 좋은 비유입니다. 모두 알고 있다고 생각하는데, 그런가요? 어떤 사람이 어둑어둑한 저녁녘에 길을 따라 걷다가 땅 위에 있는 새끼줄을 봤습니다. 그런데 그는 이것을 뱀으로 착각해서 걷잡을 수 없는 공포에 휩싸입니다. 그리고 이 무시무시한 뱀을 어떻게 해야 할지 오직 그것만 생각하게 되었습니다. 뱀은 단순히 환영일 뿐입니다. 진짜는 새끼줄이죠. 당신은 어쩌면 65년간 인생을 다 바쳐 이 뱀 세상과 싸우느라 허덕였을지도 모릅니다. 잠시 아스트랄계에서 휴식을 취하다가 다시, 다시, 또 다시 돌아와서 싸웁니다. 그가 그것이 뱀이 아니라 새끼줄이라는 사실, 그리고 단 한 번도 뱀이었던 적이 없었다는 것을 알게 될 때까지. 세상은 마치 이 뱀과 같습니다. 단지 환영일 뿐인 뱀 말입니다.

이 세상에서 일어나고 있는 일들에 대한 이야기 중 내가 가장 좋아하는 것은, 바로 밤꿈에서 일어나고 있는 일들이 바로 그것과 똑같다는 것입니다. 우리가 밤꿈 속에 있을 때 그것은 정말 일어나고 있는 일이고 우리는 거기 있습니다. 그리고 다른 역할들도 보입니다. 아름다운 사람도 있고, 추한 사람도 있습니다. 만일 이것이 악몽이라면 경우에 따라서는 죽임을 당하기도 합니다. 우리가 꿈속에 있는 동안 그것은 실제상황입니다. 그러나 우리가 잠에서 깨는 순간 우리는 이렇게 말합니다. "아, 뭐야! 꿈이잖아? 진짜가 아니잖아?" 이것이 세상이라는 낮꿈에서 깨어날 때 실제로 일어나는 상황입니다.

여섯째 주의 수행을 위한 제안

당신은 자유를 믿는가, 아니면 당신이 늘 믿어왔던 그 자유가 되기를 바라는가? 우리 대부분이, 우리를 진정한 본성의 인식으로 인도하는 직접적인 경험이나 앎보다는 그저 믿음으로 대신하려고 한다. 나는 진지하게, 당신이 당신의 믿음들을 떨쳐버리고 진짜가 아닌 그 어떤 것에도 안주하지 말 것을 권유한다.

자기 연구는 진리를 찾아가는 데 좋은 길잡이다. 이번 주에는 그것을 발견해내기를 바란다. 다음 장에서 우리는 좀 더 깊이 있게 이것을 탐구할 것이다. 그러나 지금은 레스터가 이번 장에서 묘사한 그 방법대로 탐구해 나가도록 하라.

당신은 아마도 당신의 목록에 몇 개의 질문을 더하고 싶을지도 모른다. 당신이 당신 자신에게 "나는 누구인가? 나는 무엇인가?"라고 질문하고 나서, 그 어떤 대답이 일어나도 아래의 질문과 함께 그것을 택할 수 있다.

"만일 내가 지금 내게 일어난 답, 그것보다 더한 어떤 것이라면, '나는 누구인가?'… 그리고 만일 내가 지금 내게 일어난 답, 그것보다 더욱더 굉장한 어떤 것이라면, '나는 누구인가?'"

그렇게 계속하라. 당신이 그것이 되어 휴식 그 자체가 될 때까지.

그것을 경험하기 위한 다른 좋은 방법, 그리고 당신이 누구인지를 아는 그 진리가 되는 길은, 당신이 이 길에 들어서면서 축적해놓은 진리에 관한 모든 믿음들을 털어버리는 것이다. 우리 대부분은 무엇이 진리인지, 무엇이 진리가 아닌지에 관해 정말로 어마어마한 양의 정보를 들어왔다. 대부분은 우리 스스로 증명하기 전에 그렇게 '～라고 하더라'에 관한 이야기를 다 받아들였다. 우리가 남에게 주워들은 이야기를 그저 받아들인다면 그것은 직접 경험하는 데 아주 지대한 장해물이 된다.

이 간단한 과정은 당신에게 단순히 믿으라고 하기보다는 경험, 깨달음, 그리고 진리가 됨을 허용할 것이다. 당신의 정신적 믿음들의 목록을 만들어보라. 그리고 놓아버리기 위해 아래의 질문들을 사용하라. 첫 번째 질문은 아주 직접적인 것이다. 단순히 당신에게 질문하라.

"나는 이 믿음을 놓아버릴 수 있는가?"

그리고 그것을 놓아버리기 위해 최선을 다하라. 당신이 그 믿음을 더 많이 놓아버릴수록 당신은 진리를 더 많이 발견할 것이다.

당신이 사용할 수 있는 다른 질문은 이것이다.

"나는 (믿음들을) 믿기를 원하는가, 아니면 진리를 알기를 원하는가?"

또는 비슷하게 이렇게 물어도 좋다.

"나는 (믿음들을) 믿기를 원하는가, 아니면 진리가 되기를 원하는가?"

어떤 것을 사용해도 좋다. 어떤 조합이라도 그들은 믿음을 분해하고 근저에 있는 진리를 보여주는 데 같은 효과를 보여줄 것이다.

당신은 이러한 대칭 개념들로 실험해볼 수도 있다

나는 이것을 안다.	←→	이것은 단순히 믿음 그 자체다.
이것은 진리다.	←→	이것은 믿음 그 자체다.
이것은 진짜다.	←→	이것은 단순히 믿음 그 자체다.
나는 진리를 안다.	←→	나는 진리다.

이후 7페이지는 당신의 탐험을 돕기 위해 디자인되었다. 이번 주에 얻은 깨달음과 성과를 일기처럼 매일 적어보라. 다양한 연습과정을 기록하는 것도 좋다.

깨달음, 더 많이 놓아버리는 것

첫째 날

둘째 날

셋째 날

넷째 날

다섯째 날

여섯째 날

일곱째 날

여섯째 주_ 깨달음, 더 많이 놓아버리는 것

259

사랑, 베풂, 그리고 그리스도 의식

Love, Giving and the Christ Consciousness

'사랑' 그리고 '베풂'은 같은 뜻의 두 단어다.
즐거움의 비밀은 바로 이 '베푸는 마음'에 숨겨져 있다.
— 레스터 레븐슨

이제 크리스마스 시즌이다. 크리스마스가 되면 당신은 어떤 이야기를 듣고 싶은가?

크리스마스Christ-mass는, 대중mass이 그리스도 쪽으로 향하는 날이며, 대중이 예수님에 대한 존경심을 가지고 모이는 날이다. 나는 성경을 번역할 때, 다른 어떤 사람이 그렇게 말해서 혹은 내가 읽어왔던 그런 방법으로 해석하지 않는다. 이것이 내가 성경을 보는 시각이다. 크리스마스는 그리스도에 관련된 날이다. 그리스도는 예수라는 사람을 지칭하는 것이 아니다. 그리스도는 그리스도 의식을 성취한 예수의 타이틀, 즉 직함이다. 만일 당신이 예수라는 말과 그리스도라는 말을 따로 떼어 생각한다면, 그의 말씀들과 성경의 의미를 훨씬 더 쉽게 이해할 수 있을 것이다. 그가 "나는 곧 길이요."라고 말할 때 여기에 '나'는 예수가 아니라 그리스도를 의미한다. 먼저, 그리스도와 예수가 각각 무엇을 의미하는지 그것부터 알아보자.

예수는 약 2000년 전 이 지구에 태어나, 올바름을 통하여 through righteousness 혹은 세상을 올바르게 사용하여 right-useness 그리스도 의식을 얻은 한 남자다. 이 길 속에서, 그는 개개인 그리고 우리 모두가 기필코 얻어야만 하는 불멸의 길을 보여준다. 우리는 죽음을 죽여야 한다. 이게 무슨 말인가 하면, 우리의 의식에서 죽음에 관한 모든 생각들을 제거해야 한다는 뜻이다. 그리고 거기에 오직 영원과 불멸만을 넣어야 한다. 우리에게 이것을 보여주기 위해, 그는 자신을 십자가에 매다는 것을 허락했고, 그렇게 그는 부활함으로써 불멸을 증명해 보였다. 그는 길을 보여주는 자였고, 오직 사람들에게 길을 보여주는 데 자신의 인생을 바쳤다.

그리스도 의식은 우리가 세속에서 겪는 이 모든 혼란으로부터 우리를 구원해주는 의식이다. 이 세상의 모든 공포와 비참함들로부터의 구원이란 바로 그리스도 의식을 얻는 것이다. 우리를 모든 고통에서 놓여나게 하고, 그리고 우리를 불멸로 인도해줄 그것이 바로 그리스도 의식이다. 만일 우리가 예수처럼 되기를 시도한다면, 우리는 그가 겪었던 모든 시련과 고난을 겪을 것이다. 그러나 우리가 그리스도가 되었을 때, '그리스도류'로 거듭남으로써 그리스도 의식을 얻고, 모든 비참함에서 벗어나면서, 오직 무한한 즐거움만을 누리게 된다.

그러므로 그리스도 정신은 인간 예수가 성취한 의식의 상태다. 그는 그가 태어나기 전에 그리스도 정신을 얻었다. 그리고 그는 진짜 예를 보여주기 위해 우리에게 돌아왔다. 만일 당신이 성경을 읽는 동안 뜻을 파악하는 데 있어, 이 둘을 잘 고려한다면 나는 당신이 이제까지보다 훨씬 나은 이해를 얻을 것이라고 믿는다. 크리스마스는 모든 사람들에게 나누어주는 '베풂의 정신', '선한 의지'로 널리 알려져 있다. '베풀기'라는 말을 고정시키고 그 속에 사는 것, 이것이 모든 행복의 열쇠다. 우리가 최고, 최상, 최대의 기쁨을 느낄 때는 '베풂의 정신' 속에 있을 때다. 돌이켜 생각해보면 당신은 당신이 뭔가 베풀고 있을 때 가장 즐거웠다는 것을 발견할 것이다.

'사랑'과 '베풂'은 동의어다. 즐거움의 비밀은 바로 이 '보시하는 마음'에 숨겨져 있다. 주고자 하는 마음으로 가득 찰 때, 우리는 우리가 가진 모든 것을 만나는 사람 모두에게 주기를 원한다. 그리고 그것 자체로 우리는 무한한 즐거움을 누린다. 이것은 사실 굉장히 중요하다. 우리가 주는 그 물건 속에 이 축복이 있는 것이 아니라, 무엇인가 내 것을 남에게 주는 순간, 그 때의 그 정신, 그 속에 엄청난 행복을 누릴 수 있는 비밀이 있다. 불행히도 크리스마스가 '물건 주기'의 특별한 시간이 되어 버리긴 했지만.

사람들은 주기는 준다. 주고, 주고, 또 준다. 그러나 그 엄청난 즐거움이 있는 자리는 단순히 주는 그 행위가 아니라, 베풀고 있는 그 마음의 상태다. 다른 어떤 때보다, 크리스마스 즈음에는 더 많은 사람들에게 '주는 마음'이 일어난다. 그것은 참으로 멋진 일이다. 우리는 매일을 크리스마스로 만들어야 할 것이다. 우리가 완전한 깨달음을 얻으면, 바로 그것을 한다. 단 한 순간도 빠짐없이, 알고 있는 모든 것을 모든 사람에게 베풀기를 원하게 된다.

레스터 레븐슨과의 대담

Q : 물건들을 주는 것을 말하는 겁니까? 아니면, 자신을 주는 것을 말하는 겁니까?

레스터 레븐슨 : 먼저 베풀기입니다. 만일 우리가 베풀면서 단서

를 붙이거나 뭔가를 보상으로 돌려받고자 한다면, 거기 아주 작은 기쁨만이 있을 것입니다. 그러나 우리가 아무 조건 없이 주기만 할 때, 우리는 최고의 느낌을 가집니다. 그러므로 영원한 기쁨이라는 비밀은 바로 이 베풂의 정신이 지속되는 그 상태 속에 있다는 것입니다.

우리가 줄 수 있는 최고의 것은, 성경에서 말하듯, 지혜입니다. 당신이 누군가에게 지혜를 준다는 것은, 어떤 특정한 것 하나를 주는 것이 아니라, 바로 모든 것을 얻을 수 있는 방법을 주는 것이기 때문입니다. 하나의 지혜를 줄 때 당신은 단일의 하나가 아니라, 모든 것을 얻을 수 있는 방법을 주는 것이기 때문입니다. 그러므로 베풂의 최고봉은 우리가 지금 흥미를 느끼고 있는 이런 주제에 대한 지혜를 주는 것, 이해를 주는 것, 그리고 지식을 주는 것입니다.

자, 이렇게 설명을 해봅시다. 만일 당신이 배고픈 어떤 사람에게 한 끼의 음식을 준다고 합시다. 그러면 그는 그 순간에는 행복해하며 만족스러워합니다. 그러나 3시간 후에 그는 다시 또 다른 음식을 필요로 하겠죠. 그리고 때때마다 수천 끼니의 음식들을 원하게 됩니다. 그렇다면 당신이 준 한 끼의 음식은 무슨 의미일까요? 그것은 상대적으로 아주 적은 것이 됩니다. 그러나 당신이 어떻게 음식을 얻는지 그 방법을 알려준다면, 그는 결코 배고픔에 허덕이지 않을 것입니다. 우리는 그 사람에게 그가 원하는 모든 음식을 필요할 때마다 어떻게 얻을 수 있는지 그 지식을 줄 것입니다. 우리는 6만 끼니의 음식들을 주고 있습니다. 자, 그러니 이것이야말로 최고의 베풂이 아니겠습니까? 지혜와 이해를 준다는 것.

이것을 훈련하는 것은 성장을 향한 뛰어난 방법입니다. 그리고 나는 이 모임의 회원인 우리들 모두가 준비되었다고 봅니다. 이 이해를, 그것을 요구하는 모든 사람에게 주십시오. 그것이야말로 최고의 것입니다. 그렇게 하면서 당신은 그 순간 자동적으로 작은 자신에게서 벗어나 타인에게 도달합니다. 이것은 사랑의 행동입니다.

지금부터 다른 사람들이 이러한 이해를 얻을 수 있도록 돕는 그런 베풂이, 당신 삶의 존재방식이 되도록 해보기를 나는 제안합니다. 이러한 태도는 당신이 빠르게 이 일을 숙달하도록 도와줄 것이며, 더불어 이것은 최상의 기쁨을 줄 것입니다. 선물들을 주는 것은 좋은 일이며, 이러한 것들은 가슴으로부터 우러나와야 합니다. 어쨌든 나는 우리 모두가 그저 물건들만 주는 것보다는 더 많은 것을 줄 수 있는 그런 지점에 와 있다고 봅니다. 우리는 지혜와 이해를 주려고 노력해야 합니다. 이것이 당신의 질문에 대답이 되었습니까?

Q : 네. 그러니까 누군가가 원할 때만 주라는 것이지요?

레스터 레븐슨 : 그렇습니다. 만일 우리가 그것을 요구하지 않는 사람을 돕고자 한다면, 우리는 우리 자신의 에고를 표현하는 것일 뿐입니다. "나는 네가 꼭 알아야 할 그것을 알고 있어." 보십시오. '나'는 '너'를 얕잡아 보고 말하는 것입니다. 네가 요구하지도 않는 어떤 것을 너에게 알려주려고 하고 있다는 말입니다. 이것은 내 쪽의 '에고 표현'이 될 뿐입니다. 그러므로 상대방이 원할 때만 주어야 합니다.

Q : 선생님께서는 어떤 사람들이 요구하지도 않지만, 감성이 예민해져서, 그들이 필요로 하는 것을 말해주는 경우도 있지 않습니까?

레스터 레븐슨 : 있습니다. 당신이 에고를 놓아버리면 당신은 자동적으로 다른 사람들과 더 잘 조화를 이룹니다. 에고가 적을수록 더 잘 동조합니다. 어떤 경우, 그 사람들이 묻지 않아도 그들을 알 수 있는 그런 상태까지 도달합니다. 당신은 도움을 요구한 어떤 사람들이, 사실은 도움을 원치 않고 있음을 볼 수도 있을 것입니다. 마찬가지로 어떤 사람들은 "나는 어떤 도움도 원치 않아."라고 말하지만 사실은 도움을 청하고 있습니다. 그런 상황을 잘 파악하기 위해서는 어느 정도 경험이 필요합

니다. 사실상, 우리가 정신적으로 성장하는 만큼, 우리가 에고를 놓아버리는 만큼, 우리는 더욱더 다른 사람들과 조화를 이룹니다. 조화를 이루게 되면 자동적으로 사람들을 돕게 됩니다. 어디 있든, 어떤 상황이든 우리는 늘 돕습니다. 어떤 경우는 슈퍼마켓의 계산원일 수도 있고, 길거리에서 당신이 마주친 어떤 사람일 수도 있습니다. 어떤 경우라도 어느 정도의 베푸는 마음은 늘 거기 그렇게 있습니다. 그것은 꼭 지혜의 말들일 필요는 없습니다. 그것은 친절한 말일 수도 있고, 사랑의 표현일 수도 있죠. 그렇다고 그것이 남을 돕지 않고 있는 것은 아닙니다. 이것이 바로 모든 베풀기의 최고봉입니다. 또 다른 질문 있습니까?

완전한 숙달을 성취한다는 것

Q : 그리스도의 재림은 무엇입니까?

레스터 레븐슨 : '그리스도의 재림'은 2000년 전의 그 예수가 다시 돌아온다는 그런 말이 아닙니다. '예수의 재림'은 그가 다시 이 지구상에 육체의 몸을 가지고 돌아오는 때입니다. 나는 그가 이 지구를 걸었던 그 몸일 것이라고 믿습니다. 그러나 진정한 의미의 그리스도의 재림은 우리가 그리스도 의식을 얻는 때를 말합니다.

그룹으로 볼 때, 우리 모임이 예수에 가깝다는 것은 매우 복이 많은 일입니다. 우리가 처음 명상을 시작했을 때, 예수가 이 방에 들어와서 여기 있는 거의 모든 사람 주변을 걸었다는 것은 사실이었습니다. 예수가 우리 모임에 무척 흥미를 가지고 있고, 그가 가진 모든 능력으로 우리를 돕고자 한다는 것, 그것은 아주 확실하고 중요한 신호입니다. 우리가 수용적이지 않는 한 그런 파워는 결코 주어지지 않기 때문입니다. 거기에 강제성은 없습니다. 우리가 그에게 우리 자신을 열었을 때만 그는 오직 그의 파워를 사용합니다. 만일 우리가 그렇게 한다면, 또 우리가 그렇게 할 때, 그는 바로 거기 있습니다. 준비하고 있고 매우 능숙합니다. 그를 만나보십시오.

만일 우리가 이 생에 계속 이 길을 가기를 원한다면, 우리는 스승과의 직접적인 연결이 필요합니다. 내가 말했듯이, 이 시대에 '완전한 숙달'을 성취한다는 것은 매우 어려운 일입니다. 우리가 여기를 떠날 준비가 되면, 스승은 우리가 완전한 깨달음을 얻도록 지원해줄 것이기 때문에, 스승과의 연결은 어떤 면에서 매우 필요한 것입니다. 여기 이 방안에 있는 어떤 사람도, 만일 그 또는 그녀가 이 길을 가는 데 끝까지 믿음으로 머문다면, 이 생에 그것을 할 수 없는 사람은 없습니다. 우리 모두 바로 이 생에 이것을 할 수 있습니다. 우리가 정말로 원한다면.

Q : '그것을 할 수 있다'는 무엇을 말하는 것입니까?

레스터 레븐슨 : 그리스도 정신 그리고 완전한 깨달음입니다. '그것을 할 수 있다'는 말은 스승이 되는 것을 말합니다. 무엇이 스승입니까? 스승master이라는 자리는 우주에 있는 모든 것에 대해 숙달을 얻은 사람이며, 자신의 마음을 통달한 사람입니다. 마스터는 바로 자신 속에서 자신의 무한성을 보는 사람입니다. 마스터는 한정된 모든 생각들을 제거한 사람이며 한계라는 덮개들을 벗겨낸 사람입니다. 그리고 그는 자유입니다.

Q : 우리는 이것을 바로 이 생에 할 수 있습니까?

레스터 레븐슨 : 맞습니다. 확실히 그렇습니다. 당신은 다른 어떤 것보다 이것을 원해야만 합니다. 이 세상의 어떤 것들보다 이것을 더 원해야만 합니다. 만일 그렇게 한다면 당신이 이 장소를 떠날 준비가 될 때, 숭앙하고 있는 스승으로부터 지원을 얻게 될 것이고, 그는 당신이 여기를 건너 저쪽으로 가도록 도와줄 것입니다. 그의 방법은 이런 것입니다. 만일 우리가 죽기 전에 그것을 하지 못한다면, 소위 말하는 죽음의 순간에 우리에게 그것이 일어날 것입니다. 사람이 죽을 때, 이 생에 대한 모든 생각들 그리고 이전 생의 모든 생각들이 주마등처럼 다 나타납니다. 스승은 이것을 자신과 동일시합니다. 그는 우리를

그 자신으로 보면서, 이러한 생각들이 우리의 마음에 올라올 때, 이것을 마치 그의 마음에 올라오는 것처럼 봅니다. 그리고 그는 자신을 우리와 동일시하면서 그 스스로 우리 자신이 되어, 우리가 그것들을 탁 놓아버리도록 돕습니다. 그것들이 전부 제거되었을 때 우리는 완전히 자유입니다.

Q : 이것이 우리가 매일 하고 있는 일입니다. 우리는 말합니다. "우리는 제한이 없다. 나는 이 한계를 받아들이지 않는다. 나는 이 제한된 존재가 아니다." 이것이 우리가 하루 종일 해야 할 일 맞습니까?

레스터 레븐슨 : 맞습니다. 모든 생각들을 놓고, 놓아, 바닥날 때까지 우리는 이것을 계속해야만 합니다. 우리는 어떤 것이든, 어떤 생각이든 제한을 두지 말아야 합니다.

Q : 그건 너무 앞서간 것입니다. 나는 단지 지금 내 앞을 가는 저 녀석에게 열 받지 않으면서 길을 걸어가고 싶을 뿐입니다.

레스터 레븐슨 : 나는 당신에게 전체적인 길을 보여주려는 것입니다. 내가 시도하고 있는 것은, 당신에게 모든 길을 일러줄 지도를 주고자 하는 것입니다. 나는 "존, 오늘은 이렇게 되라."라고 말하고 있는 것이 아닙니다. 그러나 나는 만일 당신이 전체

길을 보여주는 지도를 가진다면, 당신 스스로 모든 것을 잘할 것이라고 믿습니다. 나처럼 당신에게 이렇게 말하는 어떤 사람들이 필요하지 않을 것입니다. 일단 당신이 지도를 가지면, 당신이 해야 할 일은 단지 그것을 따라가는 것뿐입니다. 나는 당신에게 완전한 깨달음이 무엇인지에 대한 철저한 이해와 전체적인 그림, 그리고 그것을 성취시킬 수 있는 길을 열어주고자 하는 것입니다. 사실상, 그것은 아주 어려운 일입니다. 왜냐하면 그것을 얻을 때까지 당신은 그것이 무엇인지 결코 알지 못하기 때문입니다.

Q : 그러면 에고란 단순히 '나는 ∼이다'가 아니라는 느낌이군요.

레스터 레븐슨 : 맞습니다. 에고는 내가 분리된 개인, 전체로부터 분리되었다는 느낌입니다. 그리고 분리되기 위해 나는 이 몸과 마음이 필요하다는 것입니다.

Q : 그것이 한계입니까?

레스터 레븐슨: 맞습니다. 만일 내가 몸을 가진다면, 그리고 내가 마음을 가진다면, 나는 수천의 한계들을 가집니다. 나는 몸을 먹여야 하고, 돌보아야 합니다. 나는 생각들을 가집니다. 나

의 느낌은 나에게 상처를 줍니다. 이것이 지속되고 또 지속됩니다. 당신이 누구인지 깨달으십시오. 당신은 당신이 몸이 아니고 에고가 아님을 볼 것입니다. 당신이 무엇인지 발견하십시오. 그리고 무한이 되십시오.

Q : 예수가 우리를 구원할 수 있습니까?

레스터 레븐슨 : 예수는 구원하지 않습니다. 그리스도 의식이 구원합니다. 우리는 예수를 믿는 것이 아니라 예수가 믿었던 것을 믿어야 합니다. 우리가 그리스도 의식을 성취하려는 노력을 하면 예수는 우리가 그것을 깨닫도록 돕습니다. 예수는 요청하는 누구에게나, 또 그의 도움을 받아들이는 누구에게나 늘 가능합니다. 우리는, 어쩌면, 그럴 수 있다는 사실을 받아들이는 그 정도만큼 예수와 접촉할 수 있습니다. 당신이 물리적인 몸의 예수에게 말할 수 있다고 받아들인다면, 당신은 그를 물리적인 몸으로 만날 것입니다. 만일 당신이 꿈이나 비전으로 그를 만날 것을 받아들인다면, 그렇게 만날 것입니다. 만일 당신이 그를 현존으로 만나고자 한다면 당신은 그의 현존을 느끼고 그의 지원을 받을 것입니다. 이 모든 것이 당신에게 달려 있습니다.

일곱째 주의 수행을 위한 제안

당신은 늘 크리스마스 같은 베푸는 마음을 가지고 매일을 살고 있는가? 무엇이 당신의 길을 막고 있는가? 우리의 가슴에 담겨 있는 '베풂의 정신'을 개척해낼 것을 자신에게 허용함에 따라, 우리의 가슴은 원래 우리 자신인 사랑으로 넘쳐흐르는 것을 발견할 것이다. 주려는 마음을 더 많이 느낄수록, 당신은 이미 당신이 당신 자신을 위해 필요로 하고 또 원하는 모든 것을 가졌음을 더 많이 느낄 것이다. 그리고 당신의 세상은 더 많이 그것을 반영할 것이다. "주는 자가 축복이다."라는 표현은 자신에게 되돌아올 어떤 것도 원하지 않고 조건 없이 주는 사람을 말한다. 무엇이 되돌아오건 그런 것은 상관하지 않고, 그저 조건 없이 베푸는 느낌, 그것만으로도 충분히 절묘하다. 그리고 이것은 오직 당신이 되돌아올 어떤 것도 원하지 않으면서 마음에서 우러나 진정으로 줄 때만 일어난다.

되돌아오길 바라는 어떤 원함도 없이 주는 것을 훈련하라. 이것은 당신이 만나는 누구에게나, 매일 하루 종일 할 수 있는 그런 것이다. 당신이 만나는 모든 사람에게 당신의 사랑, 연민, 그리고 이해를 주는 것으로 시작하라. 이것으로 충분하다. 또한 당신은 이 과정에서 당신이 배우는 그것들을 나누어줄 수도 있다. 그리고 당신이 가능하다면, 물리적 수준에서도 그들이 필요로 하는 것들을 주어라.

당신이 줄 때, 받기를 원하는 사람들에게 주고 있는지 확인하라. 흥미가 없는 사람들에게 강제하는 것을 삼가라. 또한 당신이 주고 있는 그 사람에게, 저 사람이 뭔가 부족하다는 생각으로 주는 것이 아니라, 그 사람이 이미 당신과 동등하며, 그는 이미 전체이고, 완전하고, 완성되어 있음을 인정하라. 당신이 누구에게나 줄 수 있는 가장 높은 선물은, 그 또는 그녀의 존재성을 인정하는 것이다. 그들의 있는 그대로를 보는 것이다. 되돌아오길 바라는 어떤 원함도 없이 주면 줄수록, 당신의 가슴에 더 많은 사랑이 흘러넘칠 것이다. 그리고 당신의 삶은 우주의 풍성함으로 가득 채워질 것이다.

만일 베풀기가 기쁨의 느낌을 동반하지 않는다면, 그것은 당신의 선물에 집착의 끈이 있기 때문이다. 자신에게 정직하라. 당신은 당신이 준 것들의 목록을 만들 수 있다. 그리고 당신이 어떤 보상을 바라고 있는지 자신을 점검하라. 만일 그렇다면, 단순히 자신에게 물어보라. "나는 이 선물로 보상이 돌아오기를 원함을 놓아버릴 수 있는가?" 이것은 당신이 베풀었던 것에 대한 집착의 끈으로부터 당신이 자유로워지도록 도울 것이며 더불어 우주적 흐름을 열어줄 것이다.

당신은 이전에 누군가에게 주었던 선물들에 대한 기억을 떠올리며 훈련할 수 있다. 또한 아래와 같은 대칭 개념들로 수행해볼 수도 있다.

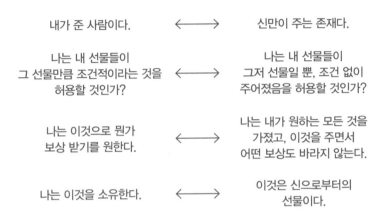

이후 7페이지는 당신의 정신적 탐험을 돕기 위해 디자인되었다. 이번 주에 얻은 깨달음과 성과를 일기처럼 매일 적어보라. 다양한 연습과정을 기록하는 것도 좋다.

일곱째 주

사랑, 베풂, 그리고 그리스도 의식

첫째 날

둘째 날

일곱째 주_사랑, 베풂, 그리고 그리스도 의식

셋째 날

넷째 날

_____

_____

_____

_____

_____

_____

_____

_____

_____

_____

_____

_____

_____

_____

_____

_____

_____

다섯째 날

여섯째 날

일곱째 날

다음 단계로 올라가고 싶다면

축하한다! 궁극적인 행복을 추구하는 여정에 당신이 배운 것을 적용함으로써, 당신은 절박했던 문제들을 놓아버릴 수 있게 되고, 그러면서 당신 본연의 자유가 빛나는 것을 발견할 것이다. 이것은 우리가 늘 우리였던 존재성, 그것 자체가 되어 매 순간 휴식할 수 있는 그때까지 계속될 것이다. 그리고 우리는 이 모든 것인 그것의 정교한 완성을 본다.

이제부터 나오는 7가지 제안은 더 높은 단계로 올라가고 싶어 하는 독자들을 위한 것이다.

1. 당신 삶의 모든 측면에 이 자료를 사용할 것을 당신 자신

에게 허용하라. 만일 당신이 그저 생각만 하고, 그리고 하루에 2~3분 정도만 자유를 실험해보았다 할지라도, 당신은 어마어 마한 이익을 얻을 것이다. 만일 당신이 하루 종일 당신의 마음 과 가슴에 자유를 허용한다면, 그것들의 결과는 기하급수적으 로 증가할 것이다. 다른 어떤 것들과 마찬가지로, 당신이 이 과 정에 더 많은 에너지를 투자할수록 더 많은 것을 얻는다.

2. 이 책의 내용을 자주 반복해서 읽어라. 이 책의 아이디어 로 수행하며 읽고 또 읽어라. 더 많은 것을 얻을 것이다. 정신 적으로 성숙해감에 따라 당신이 배운 것들을 더 깊은 수준에서 이해하고 적용하는 것이 가능해질 것이다. 매번 다시 읽을 때 마다 처음인 것처럼 대하라. 모든 연습과정들을 탐구하라. 그 리고 각각의 수업에 한 주 전체를 할애하라.

3. 당신이 배운 것을 나누어라. 친구들, 가족들, 친척들 그리 고 아는 사람들에게 이러한 아이디어들과 수행들을 알려주는 것은, 당신을 확장시켜주고 당신 자신의 이해를 깊게 해줄 것이 다. 부가적 이익으로, 당신 주위에 자유를 더욱 깊게 하는 데 흥미가 있는, 같은 마음을 가진 사람들이 많아질 것이다. 하지 만 오직 정말로 이것을 듣기를 원하는 사람들에게만 이 자료를

나누어주어야 한다는 사실을 기억하라. 당신이 아는 그 사람들의 존재성을 인정하라. 그들이 이미 완전한 것을 보라. 그들이 당신의 관심에 동조하든지 않든지 간에.

4. 수행을 돕는 모임에 참가하라. 당신의 이름 아래 둘 또는 그 이상이 모일 때 에너지의 상승작용이 일어난다. 모임의 규모가 클수록 이 에너지의 상승은 극대화된다. 레스터는 이렇게 말하곤 했다. "그룹으로서의 에너지는 제곱이 된다." 말하자면, 두 사람이 모이면 둘에 둘을 곱한 파워가, 세 사람이 모이면 셋에 셋을 곱한 파워가 나온다.

또 다른 이익이 있다면, 이 책의 내용을 다른 사람은 어떤 관점에서 보는가 하는 것을 알게 된다는 것이다. 이것은 당신의 이해를 더욱 깊게 해준다. 288쪽에 나오는 안내 지침서와 지원 모임에 대한 내용을 참조하라.

5. 이 시리즈의 다른 책 4권도 읽어보라. 이것은 전부 35회의 수업과정이다. 각각의 책은 개별적으로, 그것 자체로도 궁극의 행복에 관한 완전한 과정이 된다. 만일 당신이 이 책을 읽고 수행하는 것이 즐겁다면 다른 책에서도 그와 같은 이익을 얻고 즐길 수 있을 것이다.

다음 단계로 올라가고 싶다면

6. 이미 언급했듯이, '세도나 메서드'를 배워라. 레스터의 자료는 세도나 메서드와 결합할 때 정말로 살아난다. 레스터는 그의 가르침의 이러한 면들을 정말 좋아했기 때문에, 그의 인생 후반 20여 년을 이것을 진전시키고 완전하게 하는 데 헌신했다. 세도나 메서드를 배우는 방법은 크게 두 가지다. 세계적으로 제공되고 있는 실황 세미나에서 놓아버림의 파워를 탐험해볼 수도 있고, 오디오 테이프 프로그램을 통해서 배울 수도 있다.

세도나 메서드 코스에 관한 정보는 세도나훈련협회 웹사이트 www.sedona.com에서 더 많이 얻을 수 있다.

7. '포괄적 흘려버리기'를 복습하면서 깊이를 길러라. 포괄적 흘려버리기는 이 책의 종합적인 과정이다. 만일 이 책에 나오는 훈련이 즐거웠다면 우리의 테이프 프로그램인 '실용적 자유와 절대적 자유' 또는 이 기법을 배우는 세미나에 참석할 수도 있을 것이다. 위의 연락처를 참고하라.

당신이 바로 당신 자신의 행복의 열쇠다. 당신이 필요로 하는 모든 것은 당신의 가슴 안에서 발견되기를 바라며 기다리고 있다. 그 자유와 행복의 비밀을 풀기 위해 그 열쇠를 사용하라. 당신이 한껏 즐기기를 바란다. 행운을 빈다.

수행 지원모임에 대한 안내

이 모임은 수행 참여자들이 이 자료를 사용하면서 최고의 것을 얻을 수 있도록, 참여자 개개인을 지원하는 목적을 가진다. 모든 사람들이 자유롭게 참여하도록 하기 위해서 안전한 공간이 마련되어야 하는 것이 중요하다. 그렇다고 해서 그것 때문에 압박을 받을 필요는 없다.

모임 때마다 회원들이 서로 돌아가며 지도자가 되어본다면, 한 사람이 그룹을 독점적으로 지배하는 것을 막아주며, 분위기가 활발해질 것이다. 더불어, 이것은 참가자 개개인이 다른 사람들을 돕는 쪽으로 뻗어 나가는 것을 허락해준다.

만일 누구든지 훈련된 의료 전문가가 다루어야 할 감정적 또는 육체적 문제를 가져오면, 그들은 건강 전문가를 찾아가도록 권장해야만 한다. 이러한 지원모임들은 합법적 의료처치가 필요할 때 그 대용으로 쓰여서는 안 되며, 참가자 개개인의 개인적, 정신적 성장을 위해 도움이 되는 방향으로만 모임을 진행해야 한다.

각각의 수업이 한 주씩 고안되었기 때문에 지원그룹을 1주일에 1번씩 만나는 것이 좋다. 만약 이것이 어렵다면, 한 달에 1번 만나는 것도 도움이 된다.

당신이 모임을 주최할 때, 당신의 집을 모임장소로 하는 것도 좋다. 지원모임의 장소를 그런 식으로 돌아가면서 정하면 장소를 구하는 수고를 한 사람이 떠맡지 않아도 된다. 더 편리하고 자유로운 공공장소를 사용할 수 있다면 그곳을 지속적으로 사용하는 것도 좋다.

아래의 지침은 지원모임의 지도자를 위한 것이다.

모든 이를 환영할 것

1주일 과정 때 간단하게 레스터의 말을 인용하며 시작한다. 다음에는 모든 사람들에게 이 인용구를 숙고할 기회를 주고 현재로 돌아와 이 방 안에 집중하도록, 몇 분간 침묵을 허락한다. 모든 사람이 참가할 수 있는 안전한 공간을 마련하라.

딱딱한 분위기 깨기

그룹에서 서로의 이름을 밝히고, 각자 이 책의 내용으로부터 지금까지 얻은 것을 나눈다.

짝꿍과 함께

그룹 내에서 각각 파트너를 가지게 하고, 1주일 과정을 연습할 때 서로를 지원하게 하라. 파트너와 함께하기에 적절하다고 생각하는 부분을 책에서 선택하라. 그 연습을 하는 데 30분 정도를 할애하라. 파트너를 앞으로 뒤로 서로 순서를 바꾸어가며 연습하면 자극을 줄 수도 있다. 아니면 각각의 참가자들이 15분 정도를 그들의 파트너를 지원하면서 실험해보도록 한다. 그들이 용어를 기억하고, 또 어법을 제삼자로 바꾸어 '나' 대신 '그대 또는 당신'과 같은 대명사를 사용할 것을 서로 상기하도록 한다. 각각의 파트너는 그들이 하고 있는 수행의 내용이 있는 이 책의 해당 부분을 편다.

아래의 선언을 큰소리로 읽어라

당신이 할 수 있는 최선을 다해 당신의 파트너와 함께하라. 그들 자신의 표현을 사용하는 것을 허용함으로써 그들의 존재성을 수락하라. 당신이 당신의 파트너에게 놓아버리라고 말할 때, 당신이 파트너의 릴리싱(흘려버리기)을 촉진함에 따라 파트너가 놓을 수 있도록 최선을 다하라. 만일 당신이 그것에 열려 있다면 이것이 자연스레 일어나는 것을 발견할 것이다.

그들의 반응에 대해 판단하거나 인도하거나 또는 그들에게 충고하는 것을 삼가라. 당신 둘 다 그 과정을 완성할 때까지 서로의 탐험에 대해 토론하는 것도 삼가라. 2~3분 정도는 침묵하라. 설사 당신 자신의 것과 일치되지 않는다 할지라도 당신 파트너의 견해를 인정하라.

당신이 설사 상담사 또는 치료사라 할지라도 이 모임에서 카운슬러 또는 치료사의 역할을 하는 것을 삼가라. 만일 당신의 파트너가 기본적으로 훈련된 의료 전문가를 요구하는 의료 조건을 들고 나온다면, 그들이 필요로 하는 어떤 지원이라도 얻을 수 있도록 추천하라. 만일 당신이 그들이 정말로 의학적 지원을 필요로 하는지 아닌지 확신할 수 없다면, 당신은 확인하기 위해 어쨌든 그것을 제안할 수는 있다.

그룹 나누기를 하라

자신이 무엇을 얻었는지 발표할 지원자를 받아 나머지 참가자들과 함께 나누도록 하라. 그룹은 그들의 의견을 확실히 인정하도록 하라. 그리고 그들이 얻은 그것들을 놓아버리도록 letting go 지원하라. 그러면 더 큰 자유로 나아간다.

성과를 나누기

그룹 참가자들이 원한다면, 그들에게 자신들의 성과를 나눌 수 있는 또 다른 기회를 주라.

침묵

그룹이 그들의 존재성을 허용하면서 침묵 속에서 2~3분 정도 있도록 하라.

와주신 모든 분들께 감사

그룹에 참석한 모든 사람들에게 감사하라. 그리고 그들이 집에 가서 혹은 새로운 날을 시작할 때 침묵을 유지하도록 격려하라.

부록

SEDONA
METHOD

일러두기

이 내용은 레스터가 '깨달음이 물질적 결핍인가?'를 실험했던 내용을 기록한 것이다. 본문에 없는
부분도 있고 또 약간 다르게 표현된 것도 있어 참고할 수 있도록 부록으로 수록했다.

원문 전체는 http://www.releasetechnique.com에 있다.

풍요의 법칙을 실험으로 증명하다

천지가 무너진 것 같았던 마지막 돌파의 순간

1952년 4월, 그는 결국 마지막 돌파구를 만들어냈고, 그것은 정적 그 자체였다.

"내가 죽어가던 그때가 겨우 3개월 전이란 말인가?"

그는 중얼거렸다. 그런 굉장한 일들이 이렇게 짧은 기간에 다 일어났다는 것이 믿기 어려웠다. 어떻게 보면 수천 번의 생이 지난 것 같기도 하고, 그저 한순간의 일인 것 같기도 했다.

시간이란 개념이 완전히 변해버렸다. 그 정적의 순간을 떠올려보면 거기에는 '시간'이란 것이 없었다. 거기에는 단지 '항상—지금ever-nowness'만 있었다. 시간이란 것은 관계적인 것이고, 다름과 분리의 세상에서나 의미가 생기는 것이었다. 그가 있었던 거기는 모든 것이 하나같았고, 같은 재료로 만들어진 데다, 모두가 표현할 수 없을 정도로 아름다웠으며, 우주의 모든 원자에 내재해 있는 순진무구한 평화, 그것이었다.

그는 그 평화였다…. 저 멀리 의자에 앉아 있는 그의 몸은 자그마하게 보였다. 만일 그가 그러기로 한다면 그는 그 몸을 자신으로 볼 수도 있었지만, 동시에 그는 그 자신이 전 우주에 퍼져 있는 것으로 느꼈다. 그가 자신이라고 생각했던 몸이란 것은 그 광대함 속의 미미한 점 하나에 불과했다. 그는 모든 곳에 존재했다. 여행 같은 것은 필요 없었다. 오직 생각으로 그는 거기 있었다.

그것은 내게 자명했다. 내가 나라고 생각했던 몸과 마음은 내가 아니었다. 나는 그것을 보았고, 그뿐이었다. 당신의 입장에서 이 상황을 본다면 그냥 단순한 일상일 뿐이다.

그렇게 나는 내 몸과의 동일시를 버렸다. 그리고 내가 그렇게 했을 때, 나는 나의 존재성이 모든 존재성임을 보았다. 그 존재성은 광대한 대양과 같은 것이었다. 그것은 '몸방울들'로 나누어지지 않는 것이다. 그것은 그냥 하나의 대양이다.

이런 자각은 모든 존재, 사람뿐만 아니라 이 우주의 모든 원자들과도 하나가 되는 동일시를 가져다주었다. 이것은 정말 어마어마한 경험이었고, 이것은 말로 표현할 수 없는 것이었다. 처음에 당신은 우주가 당신 안에 있음을 본다. 그러면서 그 우주가 당신 자신임을 보고, 동시에 이 우주가 하나임을 안다. 그러면 당신은 이제 분리 그리고 그로 인해 일어나던 모든 끔찍한 일들에서 이제 완전히 벗어난다.

이제 당신은 눈에 보이는 세상이 규정한 한계에 더 이상 속지 않는다. 당신은 그것들을 그저 어른거리는 꿈으로 볼 뿐이다. 당신의 존재성은 한계가 없음을 알기 때문에.

참으로 기이한 여정이었다. 이전에는 지금 경험하는 이런 것들이 존재한다는 것조차도 알지 못했었다. 우리 마음속에 그런 엄청난 힘이 있다는 것은 정말 상상초자 할 수 없는 일이었다. 그러나 나는 내 마음이 어떻게 나를 속이는지 보았다. 그러면서 이런 속담이 떠올랐다. "나는 내가 할 수 있는 그만큼만 알 뿐이다."

"내가 무엇을 할 수 있지?"라는 질문을 스스로에게 던질 때마다 나는 늘 충격을 받았다. 그래서 그것이 무엇이든, 내가 원하는 어떤 것이라도 그것이 그대로 이루어질 때까지 이 실험을 계속하기로 했다. 그렇게 나는 이것을 계속했고 굉장한 일이 벌어졌다.

"만일 내가 이러한 모든 것들이라면 내가 그들이 될 수 있을까?" 나는 이렇게 물어보았다.

"만일 내가 전능하다면 어떤 능력을 써볼 수 있을까?"

사실상 그런 능력들이 내게 드러났다. 실제로 나는 물리학자였기 때문에 모든 경우에 두 번 정도는 실험을 해보면서 하나하나 증명해나갔다. 우리는 늘 실험실에 갔고 거기서 그것을 증명했다. 어쨌거나 그것은 훌륭한 훈련이었다.

제일 처음 내가 무엇을 했는지 말하겠다. 어떤 사람이 방 안에 들어온다. 책상 위에 컵이 있고, 내가 이렇게 말한다.

"나는 이 컵을 내 마음만으로 다른 쪽으로 보낼 수 있습니다. 내가 그럴 수 있다는 걸 믿습니까?"

만일 그가 "네, 믿습니다."라고 말하면 그것은 즉각적으로 움직였다. 하지만 만일 그가 "뭔 소릴 하는 거야? 당연히 아니지."라고 말하면 컵은 그냥 그 자리에 있었다. 만일 다른 사람들이 그것을 받아들이지 않으면 나는 그들에게 강요하지 않았다. 나는 별 상관이 없었다.

그러나 이런 일로 인해 어떤 사람들은 내게서 떠났고, 말도 하지 않게 되는 그런 실수를 저지르기도 했다. 그로부터 나는

침묵을 배웠고 다른 이들의 믿음과 신념을 흔들어서는 안 된다
는 것도 배웠다.

이렇게 한 번씩 점검을 해보면서 의심은 사라졌고, 그는 그
가 한때 조롱하기조차 했던 그런 능력들을 가지게 되었다. 그
러나 단순히 재미 삼아 혹은 다른 사람들에게 보여주기 위해
이런 초능력 같은 것들에 집착하고 머문다면, 그는 그 자체의
덫에 잡힐 것이라는 것도 눈치 챘다. 그런 것들은 최종목적이
아니었다. 그래서 그는 이것들을 놓아버리고 좀 더 나아갔다.

그러면서도 사람들의 한계를 부수어주기 위해 그런 실험이
필요하다고 생각되면, 그럴 때는 그런 비범한 일들이 일어나곤
했다. 그러나 레스터는 결코 자신을 '행위자'로 보지 않았다. 그
는 단지 어떤 에고가 개입되지 않는 상태에서 순수하게 중개자
역할만 했을 뿐이다. 그는 또한 '지성의 원천'을 깨달았다. 그는
오직 하나의 지성이 있음을 보았고, 우리 모두가 그것을 가지
고 있다는 것도 알게 되었다. 그러므로 무한한 지식, 무소부지
無所不知는 우리 모두에게 가능한 것이었다. 그는 지성이 사실상
능력이라는 것을 알았다. 우리 모두 이 무한의 힘을 가지고 있
다. 바로 전능이었다. 이 전지와 전능은 바로 우리 개개인 모두
의 내면, 거기에 있었다.

지성과 에너지의 원천을 묵상하면서, 나는 그것 역시도 무제한으로 가능함을 발견했다. 그리고 그것은 단순히 내가 이전에 가졌던 강박과 억압들, 그리고 얽힘과 구속들로부터 나를 풀어주면서 일어났다. 나는 그 어떤 것에도 종속되지 않았다. 이렇게 함으로써 이전에는 전혀 흘러본 일이 없었던 그 무제한의 힘이 흐르는 것이 허락되었다.

나는 이전에는 바로 나 자신이 이 에너지를 막고 있었던 것을 보았다. 내가 해야 할 일은 오직 이 댐을 막고 있던 나무쪼가리들을 조금씩 쑤셔 풀어주는 것이었다. 그리고 그것이 내가 했던 그것이었다.

이렇게 하나, 하나, 발견해 나가면서, 나는 나무 조각들을 제거했고 그것은 그 무한의 흐름을 점점 더 원활해지게 했다. 마치 막혀 있던 댐에서 나무 조각들을 하나, 하나 빼면 그만큼 더 굵은 물줄기가 흘러나오듯이 말이다. 더 많은 조각들을 빼낼수록 더 많은 물이 흐른다. 그러므로 내가 해야 하는 일은 그 나무들을 제거하는 것, 그리하여 무한의 에너지와 힘이 흐르도록 하는 것이었다.

내가, 내가 무엇인지what I am를 깨달았을 때, 엄청난 에너지가 내게 밀려 들어왔고, 그럴 때면 나는 의자에서 뛰어 올랐다.

그러면 나는 곧장 현관으로 나가 걷고, 걷고, 또 걸었다. 한 번에 몇 시간씩, 때로는 한 번에 며칠씩. 내 몸은 이런 엄청난 에너지를 감당할 수 없는 것 같았다. 그래서 나는 걷거나 뛰면서 이 에너지를 소진시켜야 했다.

한번은 아주 이른 아침에 뉴욕 도심을 걸었던 적이 있다. 그냥 걷는 것 외에 다른 어떤 것도 할 수 없었기 때문이었다.

이 모든 실험을 마쳤을 때, 그는 모든 물리적 현상을 만들어내는 외부 대상들을 공급하는 것은 바로 마음이라는 것을 스스로 증명했다.

마음은 한계가 없다. 그 자신이 정신적으로 '스스로 한계를 설정'하는 것을 제외하면 말이다. 그것은 모든 사람들에게 해당된다. 단 하나의 예외도 없다. 선천적으로 개개인은 그 어떤 소원과 갈망을 갖더라도 그것을 얻을 수 있는 능력이 있다.

그는 모든 사람이 마음속에 전지와 전능을 가졌다는 깨달음을 얻었고, 그 사실은 결국 그를 의자에서 일어나게 만들었다. 그는 그가 발견한 것들을 세상에 나누고 싶었다. 세상 사람들도 스스로 이것을 발견할 수 있도록 돕고 싶었다. 또한 사람들 모두가 스스로가 믿을 수 없을 만큼 아름답고 놀라운 존재임을 알게 되기를 원했다.

레스터는 100만 달러를 만들어냈다

그 당시 그가 항상 기본적으로 말했던 것은, 개개인의 내적 존재의 완전함이었다. 그가 그렇게 말할 때 그의 마음속에서 다른 존재들 또한 모두—완전한All-perfect, 모든—것을—아는all-knowing, 모든—능력을—가진all-powerful 존재로 수용해주었고, 바로 그 인지에 의해 사람들은 괄목할 만한 향상을 일구어냈다.

오랫동안 사업에 몸담아왔던 관계로 레스터는 깨달음 이후에도 누군가가 그런 부분에 대해 물어오면 실용적인 차원에서 안내를 해주기도 했다. 1953년 그는 이러저러한 많은 성취 속에서도 아직 100만 달러를 만들지 못했다는 생각이 일어났다. 또한 새롭게 만난 친구들이, 오직 가난해지는 것으로만 자유를 얻을 수 있다고 생각하는 것을 알아차렸다. 그들은 레스터가 얻은 이 정적의 평온을 일종의 결핍 상태라고 이해했다. '세상 것들에 대한 애착을 놓아버려라. 그런 것들은 그대들을 행복하게 할 수 없다.'와 같은 교훈들이, 내적 고요와 평안을 얻기 위해서는 돈과 야망, 그리고 번영과 풍요를 포기해야 하는 것으로 잘못 해석되었다.

레스터는 사실상 그렇지 않다는 것을 알았다. 자유를 박탈하는 것은 세상 것들과 돈에 대한 집착이었다. 그리고 이 집착은 단지 느낌일 뿐이었다. 그는 자신의 경험에 의해 모든 느낌들이 수정될 수 있고, 놓아버릴 수 있는 것임을 확신했다. 그는 죽기 살기로 집착하지 않아도 세상에서 성공할 수 있다는 것을 보여주기 위해, 그리고 정신적 자유가 결핍을 의미하는 것이 아님을 보여주기 위해 100만 달러 만들기에 착수했다.

그에게 깨달음은 그 어떤 것이라도 가질 수 있고, 될 수 있고, 모든 것을 할 수 있는 능력을 의미했다. 그러나 그렇게 말하는 것만 가지고는 부족했다. 실제로 그것을 입증해 보이는 것만이 오직 단 하나의 방법이었다. 그는 뉴욕의 실제 부동산으로 이것을 증명하기로 결정했다.

1953년, 그는 현찰 한 푼 없이 아파트 건물들을 사기 시작했다. 그는 그것을 운용해 수익을 내고, 시세에 따라 팔고 샀다. 결국 6개월도 채 되지 않아 그는 100만 달러(그 당시 100만 달러는 현재 달러화 가치로 800만 달러, 한국 돈으로는 85억 정도)가 넘는 자산을 가지게 되었다.

나는 실제 부동산 사업을 시작했고, 돈 한 푼 없이 대출과 융자를 받아 아파트를 여러 채 샀다. 나는 23채의 아파트를 가지게 되었고 이런 일들이 별로 어렵지 않다는 것을 알았다.

모든 거래는 전적으로 조화 속에 이루어져야 한다. 거기 포함된 모든 사람들이 이익을 얻어야 한다. 만일 거기 중개인이 있다면 나는 그에게 기대한 만큼의 중개 수수료를 받을 수 있다는 확신을 주었다. 판매자는 그가 원하는 것을 가짐으로 이익을 얻으면 그의 건물을 팔았다. 만일 거기 법률가가 포함되었다면 그는 그의 몫을 가져갔다. 모든 사람이 모든 거래에서 자기 몫의 이익을 얻었다.

이런 것들은 모든 거래에서 꼭 이루어져야 하는 일이다. 어떤 이도 그 일로 고통받을 일은 없다. 모든 사람들이 그 일을 통해 얻고자 하는 것을 얻어야만 한다. 모든 이들이 혜택을 입어야만 한다.

모든 판매자들이 팔기를 원했고 모든 구매자들이 사기를 원했다. 나는 조화가 이 우주의 기본 법칙임을 발견했다. 그리고 우리가 그것과 잘 조율될 때, 모든 일은 아주 작은 노력으로도 척척 풀려나갔다.

'다음엔 무엇을 하지?' 그는 중얼거렸다. 그는 100만 달러 이상을 벌어들임으로 자신의 새로운 이론을 사업에도 적용할 수 있음을 증명했다. 그럼 다음엔 무엇을 증명할까?

그러자 재산을 이렇게 모아둔다는 것은 안전하지 않다는 생각이 들었다. 그것은 언제라도 모두 잃을 수 있었다. 또한 재산을 모아 놓는다는 것은 언제라도 필요할 때마다 그것을 가질 수 있다는 확신이 없다는 것을 의미하기도 했다. 그래서 그는 결정했다.

"지금부터, 나는 내가 필요로 하는 모든 것을 가진다. 내가 그것이 필요하므로."

그리고 그는 이것을 테스트하러 나섰다.

레스터는 '풍요의 법칙'을 실험하기 시작했다

그러니까 그때가 크리스마스 며칠 전쯤이다. 나는 따뜻한 지역에서 2주 동안 짧은 휴가를 보내기로 했다. 로스앤젤레스는 뉴욕에서 아주 먼 곳이다.

"좋아, 그럼 로스앤젤레스에서 크리스마스-새해 휴가를 보내기로 하자."

"모든 것은 술술 풀려나갈 것이고 나는 보살핌을 받을 것이다."라는 확실한 신념으로 나는 짐을 싸서 집을 나섰다. 골목을 벗어나기도 전에 나는 아주, 아주, 오랫동안 보지 못했던 한 친구와 부딪쳤다. 그가 말했다.

"와우, 레스터, 내가 자네를 찾고 있었다네. 기억하나? 내가 자네한테 빚진 돈. 그걸 갚으려고 했는데 자네를 찾지 못했지

뭔가."

그리고 그는 로스앤젤레스행 비행기 왕복티켓을 살 수 있는 돈을 건네주는 것이었다. 물론 그 돈으로 나는 표를 샀다.

내가 로스앤젤레스에 도착했을 때, 문득 오래된 친구에게 전화를 하고 싶다는 생각이 일어났다. 전화를 걸었더니 그가 이렇게 말했다.

"오, 레스터, 자네가 전화를 하다니 정말 반가워. 우리가 지금 막 새 아파트를 하나 샀는데, 거기 남는 방이 있다네. 자네 거기 와서 우리랑 지내지. 지금 어딘가?"

그들은 나를 픽업해 새 아파트로 데려갔다.

그다음 날, 나는 부엌에서 이런 생각을 하고 있었다.

"음, 나는 지금 로스앤젤레스에 있고, 여기서 차 없이 다니는 것은 불가능한데, 이런, 지금 나에게는 자동차가 없구나."

그리고 나는 말했다.

"음, 누가 알아서 해주겠지."

그러고는 놓아버렸다.

다음 생각이 일어났다. "빌에게 전화하자."

그는 몇 년 전에 내가 뉴욕에서부터 로스앤젤레스까지 함께 여행한 적이 있던 오래된 친구였다. 나는 빌에게 전화했고 그가 말했다.

"오, 레스터, 마침 자네 생각을 하고 있던 참이었어. 어디야? 좀 보지. 내가 지금 당장 거기로 가지."

그리고 그는 15분도 안 되어 내 앞에 나타났다. 우리는 부엌 테이블에서 커피를 마시는 중이었는데 내가 말하기도 전에 그는 주머니에 손을 넣더니 자기 차 열쇠를 꺼내 테이블 위로 밀어주며 내게 말했다.

"여기 머무는 동안 그게 얼마가 되건 이 차를 쓰게, 나는 이것이 필요 없거든. 나는 스튜디오 옆에 살기 때문에 걸어가면 돼."

나는 그에게 감사했다. 나는 이제 내게 필요한 모든 것을 가지게 되었다.

열흘쯤 뒤에, 나는 다시 뉴욕으로 돌아가고 싶은 생각이 들었다. 그때가 1월 3일경이었다. 나는 트랜스 월드 항공에 전화를 했는데 그들이 말했다.

"오, 미안합니다. 1월 내내 좌석이 없네요. 모두 예약되었고, 대기자 명단에도 넣어드리지 못하겠어요. 모든 항공편에 대기자도 이미 30명 이상 기다리고 있거든요."

나는 고맙다고 말하고 전화를 끊었다. 그리고 나 자신에게 말했다.

"음, 누가 예약 같은 것이 필요하다고 했나? 그냥 가면 되는 거지. 가자."

그래서 그다음 날 아침, 일어나자마자 나에게 물어보았다.

"나는 정말 뉴욕으로 돌아가기를 원하나?"

나는 말했다.

"웅, 나는 가기를 원해."

나는 짐을 쌌고 10시경 공항에 도착했다. 뉴욕행 비행기가 어디서 떠나는지 물어보고 그쪽 입구로 들어갔다. 한 남자가 뉴욕행 비행기에 짐을 선적하고 있었다. 나는 말했다.

"혹시, 예약하고 안 온 사람 있나요?"

그는 말했다.

"네, 한 사람 있네요. 그러나 기다리세요. 내가 짐을 모두 다 실을 때까지. 거기서 기다리세요."

그가 짐을 싣는 동안, 한 여인이 다가와 나와 똑같은 질문을 했다. 그가 말했다.

"나는 잘 모르겠어요. 이 남자 뒤에 서보세요. 혹시 자리가 날지도 모르니."

그리고 그는 그녀를 내 뒤에 세웠다.

그는 짐 싣기를 다 마치고 내 쪽으로 걸어오더니, 내가 아니

SEDONA METHOD

308

라 내 뒤에 서 있던 그 여인을 데리고 가 비행기에 태웠다.

하지만 나는 100% 괜찮았다. 그는 다시 나에게로 오더니 좀 전에 자신이 한 짓을 깨닫고는 너무 놀라 입을 벌렸다. 나는 그를 진정시켜야만 했다. 그가 나를 진정시키는 대신. 그에게 괜찮다고 말한 다음 나는 물었다.

"다음 비행기는 언제입니까?"

그가 말했다.

"1시간 안에…, 아, 저기 들어오고 있네요."

그는 나를 그 비행기에 태워주었다. 좀 전에 탈 뻔했던 것보다 2시간이나 빨리 뉴욕에 도착하는 직항편이었다. 로스앤젤레스에서 뉴욕까지 가는 직항편은 그때 처음 타보았다. 그 당시에는 직항편이 도입된 지 얼마 안 되었을 때고, 대부분의 비행기가 적어도 한 군데 이상 경유하곤 했다. 그 덕분에 나는 직항편을 타고 뉴욕에 돌아왔다. 돈 한 푼 없이 출발해서 돈 한 푼 없이 돌아온 것이다.

나중에 세계일주 여행으로 나는 다시 한 번 '풍요의 법칙'을 증명했다.

"나는 내가 필요로 하는 모든 것을 가졌다. 내가 그것이 필요하므로."

레스터 레븐슨Lester Levenson

세도나 메서드의 창시자이자 세계적인 영적 스승

1952년 당시 42세의 레스터 레븐슨은 성공한 사업가이자 물리학자였고, 세상이 말하는 성공의 정점에 있었다. 그러나 그는 별로 행복하지 않았고 건강도 아주 안 좋았다. 특히 두 번째 심장수술 후에는 의사도 더 이상 손쓸 방도가 없다며 그를 퇴원시켰다.

집으로 돌아온 레스터는 포기하지 않고 자기 내면으로 들어가 답을 찾기로 결심했다. 나는 누구인가, 내 인생의 목적은 무엇인가, 문제는 무엇이고 해결책은 어떻게 찾는가, 궁극의 행복은 어디에 있는가…. 이러한 질문들을 던지며 3개월간 집중적으로 내면을 탐색한 결과, 그는 의식적인 마음들을 자르고 관통하는 모든 답을 발견했다.

그가 발견한 것은 바로 모든 내적 한계들을 놓아버리는 '릴리싱 테크닉'이었다. 깨달음을 향한 궁극의 도구를 갖게 된 그는, 3개월 후 완전한 건강과 심오한 내적 평화를 되찾았다. 그 후 레스터 레븐슨은 애리조나 주 세도나에 정착해 명상센터를 짓고, 사람들에게 자신이 깨달은 방법과 명상법을 가르치기 시작했다. 그것이 바로 '세도나 메서드'다. 세도나 메서드는 전 세계로 퍼져나갔으며, 《의식혁명》으로 유명한 데이비드 호킨스 박사 역시 그의 수많은 제자들 중 한 명이다.

헤일 도스킨Hale Dwoskin

세도나트레이닝협회 설립자이자 CEO

헤일 도스킨은 레스터 레븐슨의 뜻을 이어받아 세도나트레이닝협회를 설립했다. 지난 25년간 미국과 영국 전역을 아우르는 개인과 단체들에게 세도나 메서드를 정기적으로 가르쳐왔다. 릴리싱 테크닉, 삶의 진정한 행복과 성공 등을 주제로 라디오, 텔레비전 방송에서 250여 차례 이상 강연했으며, 전세계를 순회하며 세도나 메서드의 놀라운 비밀을 설파하고 있다. 2003년 세도나 메서드의 핵심인 릴리싱 테크닉을 체계적으로 정리하여 《세도나 메서드》를 출간했다.

아눌라 스님

아눌라 스님은 한국에서 출가하여 비구니계를 받았고, 스리랑카 캘러니아 불교대학에서 빠알리어와 불교학을 전공, 불교학 박사과정을 수료하였다. 출가 전에 화두참선 수행 6년, 출가 후 미얀마, 태국, 스리랑카 등지에서 위빠사나와 사마타 수행을 했다.

한국의 깔야나미따 위빠사나 선원cafe.daum.net/kalyanamitta에서 위빠사나와 자비관 수행, 시크릿과 트랜서핑을 적용한 '까르마-갈아타기' 치유 프로그램 등을 가르치며 수행자들을 지도하고 있다. 깔야나미따 시크릿 수행 전문 까페cafe.naver.com/kalyanamitta에서는 특별히 수다원 목표의 수행 전문 프로그램을 진행하고 있다.

저서로는 에세이집 《생각을 멈추고 존재를 시작하라》, 《쏟아지는 햇빛》, 위빠사나 명상가이드북 《Sati 100》(영문판)이 있고, 번역서로는 《마음이란 무엇인가?》, 《위빠사나 명상의 열쇠, 빠빤차》, 《일어난 모든 것은 사라진다》, 《매 순간 위빠사나 100》 등이 있다.

anulametta@hanmail.net